사람이
하는 일

마음대로

| 프롤로그 |

사람이 하는 일입니다. 더 정확하게 표현하면 사람이, 사람을 위해서, 사람과 함께 하는 일입니다. 아무리 기술이 발달해도 인공지능이 대신하지 못하는 고유한 영역입니다. 사람이 중요합니다. 사람이 주어가 되어야 합니다. 그동안 지역을 누비며 주민 곁에 서려고 부단히도 애썼던 이유입니다. 칭찬받을 일입니다. 그런데 저기 한 곳에 보살핌을 받지 못한 한 사람이 보입니다. 우리들 자신입니다. 나를 돌보지 못하고 나를 채우지 못했습니다. 아무리 기능이 뛰어난 자동차도 주유를 하지 못하면 비싼 쇳덩어리에 불과합니다. 충전하지 못한 휴대폰은 말할 것도 없습니다.

자신을 보살펴야 합니다. '보살피다'는 말을 하이데거는 본질의 회복으로 설명했습니다. 보살피는 건 도와주는 정도의 선행을 말하지 않습니다. 본질을 회복하도록 하는 일입니다. 아이를 보살핀다는 건 아이가 아이답게 자라도록 함께 한다는 말입니다. 자신을 알고 자기 모습으로 사는 게 최선의 삶, 그게 복지가 아닐까요? 사회복지사 자신부터 나다운 삶을 살아야 합니다. 자신을 보살펴야 다른 사람을 진심으로 보살필 수 있습니다. 그렇지 않으면 보살피는 흉내만 내거나 나만 높아지는 이기적 선행에 머물게 됩니다.

사회복지를 보람되게 실천하거나, 영혼 없이 출퇴근하거나, 그만두거나 어떤 선택이든 먼저 할 일이 있습니다. 자신을 알고 보살피고 결정하는 일입니다. 나를 채우면 계속

다녀도 괜찮고 그만둬도 괜찮습니다. 나를 채우지 못하면 계속 다녀도 문제고 그만둬도 문제입니다. 나를 채우기 위해서는 나만의 조용한 시간과 공간이 있어야 합니다. 고독입니다. 동료와 뒷담화, 저녁 치맥, 야구와 드라마로 채워지지 않는 빈 공간이 있습니다. 빈 공간을 외면하지 말고 마주하면 좋겠습니다. 고독을 외면하면 고독이 고립이란 가면을 쓰고 돌아옵니다.

책에 빈 공간을 많이 넣었습니다. 여러분이 고독과 마주해서 채워나갈 빈 공간입니다. 그동안 기관과 지역을 위한 글을 많이 썼습니다. 여기에는 자신을 위한 글로 채우면 좋겠습니다. 관계증진, 주민공동체, 지역복지 확대와 같은 거창한 단어 말고 솔직한 여러분의 생각과 마음을 기록하면 좋겠습니다. 그렇게 읽고 기록하는 조용한 시간이 나를 보살피는 작은 실천입니다. 무한경쟁 자본주의 최정점 한국에서 복지를 선택했고 지금 현장에 있다면 그것만으로도 충분합니다. 스스로를 너무 힘들게 하지 마세요. 자신을 먼저 보살피세요. 사회복지는 사람이 하는 일입니다. 여러분이 그 첫 번째 사람입니다.

덕수궁 마음대로
노수현

수

오랫동안 보아온 아끼는 청년이 있습니다. 바다와 건입니다. 둘과 합정동에서 커피를 마시며 잡담을 나누다 책의 아이디어가 떠올랐습니다. 뭐든 재밌는 일을 같이 해보자는 뜻으로 시작했는데 이렇게 첫 결과물이 나오게 되었습니다. 저는 서울복지재단 공유복지플랫폼에 올렸던 글을 재료로 제공했고 요리는 바다와 건 쉐프가 맡았습니다.

청년 사회복지사를 생각하고 썼던 글이니 청년의 감성과 생각으로 만들면 좋겠다 싶었습니다. 그래서 컨셉 구상, 글 선정, 교정, 편집의 모든 과정을 바다와 건이 맡았습니다. 이 책은 청년을 위한, 청년에 의한 책이란 말이 딱 맞습니다. 책이 만들어지는 과정을 지켜보는 즐거움이 컸습니다. 바다와 건에게 고맙습니다. 무엇보다 둘과 함께 간직할 짙은 추억이 생겨서 더 고맙습니다.

꾸준한 글쓰기의 기회가 되었던 공유복지플랫폼에 감사드립니다. 글은 제가 썼지만 글을 쓰게 한 건 현장의 사회복지사 동료들이었습니다. 그들의 웃음과 한숨, 탄식과 감탄의 기록이 글이 되었습니다. 이제 다시 바다와 건 쉐프의 요리로 돌려드립니다. 소박하지만 정성 담긴 엄마의 집밥처럼 현장의 하루를 넉넉히 보낼 힘이 되시길 마음 담아 드립니다.

바다

매일의 업무와 관계에 들썩이며 살아가다 보니, 내가 어떻게 숨을 쉬고 있는지 모를 때가 있었습니다. 나 자신과 소중한 가족은 잠시 뒤로 미뤄두고 열심히 일하며 성장하려고 애썼습니다. 그래도 선한 일을 한다는 말로 자신을 포장하며 힘이 없는 줄도 모르고 달리기만 했습니다. 언제부터인가 몸이 아프기 시작했습니다. 일이 더 이상 즐겁지 않았습니다. 힘겹게 겨우 숨을 쉬고 있었습니다. 위험을 알리는 빨간불이 켜졌습니다.

홀로 제주로 떠났습니다. 혼자 오롯이 시간을 보내며 생각나는 대로 글을 썼습니다. 글은 그동안 억지스럽게 힘만 주며 살던 모습을 알려줬습니다. 무엇보다 솔직하지 못한 모습을 아프지만 깨닫게 해줬습니다. 숨이 턱까지 차고 경직됐던 몸을 요가와 운동으로 풀었습니다. 비었던 마음을 가족이 채워줬고 감정일기로 마음을 보살폈습니다. 만나고 싶은 사람을 만나고, 듣고 싶은 교육을 수강하면서 내가 무엇을 좋아하고 무엇을 잘하는지 힌트를 얻었습니다. 그렇게 멈춰도 걱정했던 것처럼 큰 일이 일어나지 않았습니다.

그렇다고 걱정이 없는 건 아닙니다. 파도가 밀려오듯이 '이대로 지내도 괜찮을까?'라는 질문이 찾아옵니다. 여전히 고민은 계속됩니다. 책을 만들면서도 그랬습니다. 그러면 다시 마음을 두드리는 책의 한 문장 앞에 멈췄습니다. 제주 바다 앞에 선 것처럼요. 나부터 책의 질문에 답하고, 생각을 끄적이면서 자신을 솔직하게 대면하는 시간을 가졌습니다. 책을 읽는 여러분에게도 그런 시간이 되시면 좋겠습니다. 잠시 멈춰서 내 숨소리에 집중하고, 내 마음을 알아주면서요. 자신의 마음을 지키기도 어려운 시대에, 다른 누군가의 마음을 위해서 힘을 다하는 청년 사회복지사분들께 친구의 마음을 전합니다.

건

"복지사님 덕분에 할 수 있었어요"
이 말 한마디가 전해주는 보람이 큽니다. 내가 누군가에게 힘이 될 수 있다는 건 참 매력적인 일입니다. 할 수만 있다면 만나는 모든 사람에게 선한 영향을 미치고 싶습니다. 그래서 고민과 공부와 실천을 반복하며 힘을 다합니다. 내가 열심히 해야 더 많은 사람에게 선한 영향을 미칠 수 있으니까요. 하지만 이런 사명감을 가지고 열심히 일하다 보면 나도 모르게 힘이 빠지기 시작합니다. 생각대로 일이 되지 않습니다. 마음은 전문가인데 실력은 쌓이지 않고 실수만 느는 것 같습니다. 처음에 품었던 희망의 자리에 낙심이 찾아옵니다. 사명으로 시작했는데 이게 맞나 싶습니다.

"괜찮아, 충분히 잘하고 있어"
저를 다시 현장에서 힘을 내게 하는 건 저의 노력이 아니었습니다. 피곤이 사명을 눌렀고, 반복되는 업무가 열심을 빼앗아 갔습니다. 사명과 열심만으로는 되지 않았습니다. 그럴 때 동료의 무심코 던지는 말 한마디가, 선배의 경험에서 나오는 말 한마디가 다시 마음을 먹게 했습니다. 책을 만들면서 비슷한 경험을 했습니다. 책에서 동료와 선배의 소리가 들렸습니다. 매번 동료와 선배의 위로를 바랄 수는 없습니다. 그럴 때 책을 펼치면 좋겠습니다. 읽고 쓰면서 생각이 바뀌고 마음이 달라지는 경험을 하시면 좋겠습니다. 책 제목이 '사람이 하는 일'입니다. 아픈 사람이 하면 아픈 일이 되고, 즐거운 사람이 하면 즐거운 일이 됩니다. 우리 자신부터 채우면 좋겠습니다.

목차

프롤로그 •002

1. 사람복지사의 시대 •010
2. 한숨 복지 •016
3. 사회복지사가 가진 최선의 역량 •022
4. 자신감을 잃은 사회복지사에게 •027
5. 사회복지사라는 자부심 •033
6. 태도가 복지를 만든다 •038
7. 역량을 갖추고 싶다면 •043
8. 우울을 대하는 자세 •048
9. 다정한 기관, 친절한 사회복지사가 살아남는다 •053
10. 사회복지를 계속하려면 •059
11. 우리가 원하는 것을 주민도 원하는가? •070
12. 주민역량 강화에서 주민에게 배우기로 •076

13 상담 보다 인터뷰 • 080

14 지역과 주민은 솔직한 사회복지사를 원한다 • 085

15 1인분 사회복지 • 092

16 우리의 복지는 누가? • 097

17 슬럼프에 빠졌다면 • 102

18 사회복지사의 잃어버린 주어 '나는' • 108

19 비틀거릴 내가 안길 곳은 어디에 • 113

20 거울을 보자. 표정이 복지다 • 118

21 여름휴가, 사회복지사의 감정방학 • 123

22 사회복지를 그만두려면 • 128

23 사회복지 선택이 후회된다면 • 136

에필로그 • 142

사람복지사의 시대

사회복지사는 사회복지 전문 지식과 기술을 갖춘 자로서 보건복지부 장관으로부터 자격을 받은 사람을 말합니다. 사회복지사업법에 정의된 사회복지사업을 실행하는 사람입니다. 법은 사회 유지를 위한 최소 기준을 제시합니다. 그래서 법은 시대를 앞서지 못합니다. 변화는 창조적 소수의 열정과 혁신으로 시작되어 다수의 참여로 완성됩니다. 법과 제도는 그런 변화를 유지하는 역할을 할 뿐입니다. 따라서 법적으로 정의된 사회복지사의 개념만으로는 새로운 시대를 준비하기 어렵습니다. 시대의 변화를 담을 새로운 용어와 역할 정립이 필요합니다.

사회복지와 관련된 중요한 사회적 트렌드를 꼽자면 초개인화와 초지역화입니다. 초개인화는 표적화의 극단적인 형태로, '100명의 고객이 있다면 100개의 시장이 존재한다'는 말이 이를 잘 설명합니다. 시장을 세분화하여 고객에게 접근하는 방식에서, 이제는 고객 한 명을 하나의 시장으로 보는 사고의 전환입니다. 초개인화가 '대상'이라면, 초지역화는 '공간'입니다. 정보화의 발달로 전 세계가 연결되었지만, 역설적으로 대면 접촉은 점점 더 좁아졌습니다. 동 단위 중고 거래 플랫폼 '당근'이 대표적인 예입니다. 이렇게 전국적으로 사용하는 플랫폼이 되었음에도 불구하고, 서비스 지역을 동 단위로 한정합니다. 당근의 대표이사는 차량 이동 없이 도보로 가능한 동 단위 지역성을 끝까지 유지하겠다고 말합니다.

초개인화와 초지역화가 사람들의 필요에 민감하게 반응하는 트렌드라면, 사회복지에도 영향을 줄 수밖에 없습니다. 더욱이 사회복지에는 '사회'라는 단어가 붙어 있으니 말입니다. 지역복지 현장으로 좁혀 살펴보면, 초지역화는 이미 시작되었습니다. 서울시 복지관에서 시도 중인 '동 중심 조직'이 그 예입니다. '당근' 서비스처럼 동 단위로 실천 단위를 좁혀서 지역복지를 실행하는 것입니다. 당근의 지역복지 버전인 셈입니다. 물론 이를 위해 필요한 전제 조건이 갖춰져야 합니다. 그렇지만, 시대 변화에 맞춘 적절한 방향 설정임은 분명합니다. 이제 남은 것은 초개인화의 지역복지 버전입니다.

그동안의 실천 방법은 그룹 단위에 익숙했습니다. 사회복지사에 의한 계획 수립과, 그에 따른 참여자 모집 및 자원 연계가 중심이었기 때문입니다. 일대일의 관계가 없었던 것은 아니지만, 대부분 복지관 프로그램에 포함하기 위한 과정이거나 사례 관리 차원에서 관리의 대상이 되는 경우가 많았습니다. 최근에는 주민 중심의 복지 실천으로 당사자성이 강조되는 다양한 시도가 있었습니다. 하지만 여전히 실천에는 큰 변화가 없었습니다. 표현은 달라도, 기본 단위는 다수의 인원을 전제로 한 실천이었습니다.

이제는 지역복지의 최소 단위를 다수의 주민 모임이 아니라 '주민 한 사람'으로 보는 생각의 전환이 필요합니다. 극단적으로 표현하면, 주민조직을 만들지 않아도 된다는 의미입니다. 사회복지사 한 사람과 주민 한 사람의 관계만으로도 충분합니다. 주민 한 사람과 또 다른 한 사람의 관계만으로도 가능합니다. 그런 관계가 그룹이 되어 지역의 문제를 해결하는 조직이 될 수도 있겠지만, 그것이 유일한 목표가 될 필요는 없습니다. 주민조직으로 지역 문제를 해결하고 지역복지를 확대하는 일이 유일한 목적은 아니란 말입니다. 우리의 목적은 '사람 그 자체'여야 합니다. 지역복지가 목적이 되는 순간, 가장 중요한 '사람'은 수단이 됩니다.

현재 주민조직 단위로 실행되고 있는 프로그램의 목표 수정이 필요합니다. 지역복지를 실천하는 사회복지사는 주민을 만나고 관계를 쌓으면서 보람을 얻고 만족합니다. 그러나 보람이 오래가지 않습니다. 주민을 조직해서 다음 단계의 과업을 달성해야 한다는 부담이 찾아오기 때문입니다. 부담이 쌓이니 주민을 편하게 만나지 못하고 계획서의 주민조직 지속이란 허황된 목표를 보니 앞이 캄캄합니다. 사회복지사가 주도하는 것이 아니라 주민이 자발적으로 조직을 만들어가도록 '촉진자 역할'을 한다고 배웠지만, 실제 현장에서는 이론처럼 진행되기 어렵습니다.

그래서 목표를 바꿔야 합니다. '주민조직 만들기'가 아니라 '오늘 한 사람을 만나는 것'입니다. 만나서 함께 시간을 쌓아가는 겁니다. 관계의 본질은 함께 시간을 견디는 데 있기 때문입니다. "그럼, 그 관계의 끝은 뭐냐?", "무엇을 해야 하느냐?"는 질문을 자주 듣습니다. 질문이 잘못되었습니다. '무엇을 해야 하느냐'의 주체는 사회복지사가 아니라 주민이기 때문입니다.

초개인화는 '고객이 알고 있다'는 전제에서 시작됩니다. 과거처럼 정보와 자원이 부족하던 시절에는 공급자인 기업에 힘이 있었습니다. 하지만 지금은 정보가 넘쳐나고 제품이 다양해서 고객이 더 많은 선택권을 가집니다. 기업은 맞춤형 정보를 제공하고 고객의 선택을 기다리는 입장입니다. 사회복지도 관계를 맺는 것까지가 우리의 역할입니다. 그 이후의 실천과 선택은 주민의 몫입니다. 따라서 "무엇을 할 것이냐?"는 질문은 사회복지사가 아니라 주민이 할 수 있도록 기다려야 합니다. 제안할 수는 있지만, 기다려야 한다는 원칙은 변하지 않습니다. 기다림이 불안하다면 그 과정을 기록하는 것도 방법입니다. 실적이 필요하다면, 기다림의 과정에서 의미를 찾아야 합니다.

이름이 중요합니다. 회사명, 상품명에는 뜻을 담습니다. 가수들은 노래 제목과 가사대로 된다고도 합니다. 그만큼 이름에는 중요한 의미가 담겨 있습니다. 그래서 저는 '사회복지사'가 아니라 '사람복지사'를 제안합니다. '사회'라는 단어는 너무 거창합니다. 자꾸만 시선을 멀리 두게 만들고, 다수의 모임이나 규모 있는 행사, 대규모 프로그램을 연상하게 만듭니다. 이제는 '사회'가 아니라 '사람'에 집중해야 합니다. 그런 의미에서 '지역복지'도 '사람복지'가 되어야 합니다. 지역보다 사람이 중심이 되어야 합니다. 그래야 말할 때마다 사람을 이야기하고, 문서에도 지역보다 사람이 더 많이 보이게 됩니다.

이렇게 한 사람 중심의 복지를 실천하다 보면, 지역복지는 자연스럽게 따라옵니다. 반대 방향은 성립하지 않습니다. 이제는 한 사람에게 집중하는 '사람복지'의 시대입니다. 사람복지를 실천하는 '사람복지사'의 시대입니다.

#사람_복지
#한사람에_집중하기
#초개인화_복지
#관계가_복지다
#사람_복지사의_시대

글로새김

Q1. 지역복지를 추상적으로 사용하지는 않나요?

지역복지를 자신의 언어로 설명해 보세요. 쉽게 설명하지 못한다면 모르는 거예요. 모르고 사용하는 단어는 실천할 수 없어요.

Q2. 주민이 주인공이 되는 자리에 사회복지사가 있지는 않나요?

자신이 주인공이라고 말하는 사회복지사는 없어요. 말보다 행동이 중요해요. 보고서에 주민 중심이란 단어는 많이 쓰면서 실제로는 자신이 주인공이 아닌지 돌아보세요.

Q3. 사람복지를 실천하는 사람복지사이신가요?

사회라는 집단적 사고에서 한 사람에 집중하는 생각의 전환이 필요해요. 정책과 행정에 매몰되어 사람의 소중함을 잃지는 않았는지 돌아보세요.

한숨복지

어떻게 사회복지를 실천해야 할까요? 변화의 방향은 종잡을 수 없고 속도는 왜 이리 빠르죠. 안 그래도 감당하기에 벅찬데 사회적 고립, 환경, 돌봄처럼 새로운 과업이 더해지네요. 이럴 때일수록 우리의 역할과 자세를 점검해 봐야 합니다. 문제는 무엇을 할지를 몰라서 고민할 때가 아니라 익숙해져서 고민이 없을 때 생깁니다. 지난 몇 년간의 실천이 패턴이 되고 스스로 실천의 한계를 정했는지도 모르기 때문입니다.

최고 수준에 오른 예술가와 스포츠 선수가 똑같이 하는 말이 있습니다. 그것은 기본기입니다. 세상에서 피아노를 잘 치는 사람으로 추앙받는 피아니스트도 똑같은 곡을 몇 시간씩 연습합니다. 단체 훈련이 끝나도 혼자서 똑같은 스윙 연습을 하는 야구 선수가 있습니다. 기본기가 그만큼 중요하기 때문입니다. 기본기에 기술과 경험이 더해지면 실력이 됩니다. 기본기가 없으면 실력도 없습니다. 잠깐 써

먹을 잔기술만 갖추게 됩니다.

사회복지 실천의 기본기는 무엇일까요? 단어에 힌트가 있습니다. 사회의 주체는 사람입니다. 복지의 주체도 사람입니다. 제도, 정책, 실천이 아닙니다. 사람입니다. 결국 사회복지의 기본기는 사람을 얼마나 알고 아끼느냐에 달려 있습니다. 하루도 빠짐없이 점검하고 훈련해야 하는 일입니다. 그러면 어떻게 해야 사람을 알고 아끼는 기본기를 습득할 수 있을까요? 가요 한 곡을 추천해 드립니다. 이하이가 부르는 '한숨'이란 곡입니다.

삶은 숨입니다. 태어날 때 아이의 힘찬 울음이 숨입니다. 사람이 죽었다고 말하지 않고 숨을 거뒀다고 합니다. 살아 있다는 건 숨을 쉰다는 말과 같습니다. 잘 산다는 건 숨을 잘 쉬는 겁니다. 편안한 삶은 숨을 편안히 쉬는 겁니다. 전문가에게 진단을 받지 않아도 상담으로 분석하지 않아도 자신의 숨을 살피면 지금 어떤 삶을 살고 있는지 알 수 있습니다.

현대인의 삶은 팍팍합니다. 당연히 숨이 팍팍해집니다. 차분하게 숨을 쉴 시간이 없습니다. 알람 시계로 잠에서 깬 순간부터 벅찬 하루가 시작됩니다. 아침을 거르고 겨우 출근 시간을 맞춥니다. 종일 일에 쫓기고 사람과 부딪힙니다. 야근이라도 하는 날이면 하루가 어떻게 갔는지도 모릅니다. 숨을 참고 50미터 잠수를 하고 나온 것처럼 퇴근길 지하철역 앞에서 겨우 긴 한숨을 내뱉습니다.

그나마 한숨을 쉬는 것도 못 할 때가 있습니다. 그런 시간이 쌓여서 이제는 숨 막히는 상황이 익숙하기까지 합니다. 숨 쉬는 법을 잊은 정도가 아니라 한숨마저 쉬지 못합니다. '작은 한숨 내뱉기도 어려운 하루를 보냈단 걸' 노래는 작은 한숨 내뱉기도 어려운 하루라고 표현합니다. 얼마나 절절한 고백인가요. 작은 한숨도 내뱉기 어려운 하루라니요.

그래도 우리는 살아야 합니다. 그렇다고 회사를 그만두고 제주도로 내려가서 옥빛 바다만 보면서 살 수는 없습니다. 창업하면 마음껏 숨을 쉴 수 있을까요? 세상의 불합리에 저항하며 맞서 싸우면 숨이 쉬어질까요? 아닙니다. 내 숨을 쉬기 전에 우선 이런 답답한 숨을 있는 그대로 받아줄 누군가를 만나야 합니다. 나를 평가하지 않고 억지로 위로하지 않고 숨 막히는 나를 있는 그대로 말없이 안아주는 사람을 만나야 합니다.

누군가의 한숨
그 무거운 숨을
내가 어떻게
헤아릴 수가 있을까요
당신의 한숨
그 깊일 이해할 순 없겠지만
괜찮아요
내가 안아줄게요

사람은 홀로 살지 못합니다. 사람은 사람으로 인해 사람답게 삽니다. 그 사람은 열 명, 백 명이 아닙니다. 나의 노래가 되어주는 한 사람이면 충분합니다. 그렇다면 내 주위 환경과 앞으로의 미래를 생각하기 전에 내 주위에 그런 한 사람이 있는지 살펴야 합니다. 그러면 살 수 있습니다. 가난해도 가난한 채로 살 수 있습니다. 마음이 아파도 아픈 대로 살 수 있습니다. 미래가 두려워도 두려운대로 살 수 있습니다. 나를 안아주며 수고했다고 괜찮다고 말해주는, 나의 한숨에 함께하는 한 사람이 있다면요.

사회복지는 누군가 한숨을 내뱉을 때 곁에 있는 한 사람이 되는 일입니다. 사회적 고립, 환경, 돌봄, 지역 밀착 어떤 단어를 붙여도 결국은 그런 사람이 되는 일입니다. 생계, 교육, 의료, 주거의 어떤 과제도 우리가 온전히 해결하지 못합니다. 그럼에도 우리는 가장 가까운 거리에 있습니다. 집을 줄 수는 없지만 우리는 곁에 있습니다. 직장과 당장의 생계를 해결해 줄 수도 없지만 우리는 곁에 있습니다. 우리가 가진 최고의 자산입니다. 모든 것을 이해하고 해결할 수는 없지만 곁에 있는 일이요. 누군가의 한숨이 외로운 한숨이 되지 않도록 곁에 있는 일입니다.

물론 누군가 한숨 쉴 때 곁에 있는 일이 실적이 되지는 않습니다. 한숨을 몇 회의 기록으로 남기지도 못합니다. 그러나 기록할 수 없는 것이 오래갑니다. 문서에는 남지 않지만, 한숨을 내뱉은 사람의 마음에 기록됩니다. 우린 그렇게 한숨 쉴 때 곁에 있는 사람을 내 사람이라고 부릅니다. 사회복지사가 내 사람이 되는 새로운 차원이 열립니다. 사회복지 실천에서 관계를 강조하는 데 내 사람이 되는 건 최상위 단계의 관계입니다. 사회복지사가 해야 할 과제가 많지만, 기본기 훈련을 잊지 않으면 좋겠습니다. 아니 반드시 그래야 합니다. 매일매일 누군가의 숨소리에 민감하게 반응하는 일. 동료의 거칠어진 숨소리를 놓치지 않는 일. 주민들의 한숨 소리를 가까이서 듣는 일. 한숨이 한 사람이고 그런 한 사람 곁에 있는 일이 사회복지입니다.

#한숨_곁에_있는_사람
#기본기가_복지를_만든다
#사랑_중심_복지
#관계의_힘
#내사람이_되는_사회복지사

글로새김

Q1. 사람을 아끼시나요?

도전적인 질문이에요. 사회복지를 선택했던 과거가 아닌 지금, 이 순간 사람을 아끼고 나의 몸과 마음이 사람에게로 향하는지 조용히 살펴보세요.

Q2. 숨 막히는 일상을 보내고 있지는 않나요?

자신을 모르면 다른 사람을 알 수가 없어요. 자신의 숨소리를 들어보세요. 답답한 숨소리가 들린다면 원인은 무엇인지 차분하게 생각해 보세요.

Q3. 지금 누구의 한숨 소리가 들리나요?

자신의 숨소리를 듣지 못하면 다른 사람의 소리를 들을 수 없고, 보고서에 집중하면 다른 사람의 숨소리가 들리지 않아요. 조용히 집중해야 들리는 소리가 있어요.

사회복지사가 가진 최선의 역량

#1. 혼자 노는 아이
아이가 놀이터에서 혼자 놀고 있습니다. 보호자는 보이지 않습니다. 아무리 놀이터 시설이 안전 규격으로 설치되어 있고, 지나가는 사람이 많다 해도 아이가 안전하다고 말할 수 없습니다. 그런데 시설이 조금 미흡하고 주위 환경이 좋지 않아도 부모가 옆에 있으면 안전합니다. 부모가 무언가를 해서가 아닙니다. 부모가 옆에 서 있는 존재 자체가 안전입니다.

#2. 회사 일로 지친 직장인
누구에게나 사회생활은 버겁습니다. 그런데 유독 더 버겁고 안 좋은 일이 몰아치며 일이 겹칠 때가 있습니다. 어떻게든 견뎠지만, 몸과 마음은 망가진 상태입니다. 지친 몸을 이끌고 집 근처 단골 카페에

들렀습니다. 평소 좋아하던 바닐라 라떼를 마시며 좋아하는 음악도 들었습니다. 그래도 좀처럼 기분이 나아지지 않습니다. 반대로 시설이 허름한 음식점이 있습니다. 음악도 없고 음식도 그리 맛있지 않습니다. 그런데 내 푸념을 들어주는 친구가 마주 앉아 있습니다. 친구는 아무 말도 하지 않았지만, 존재 자체가 위로입니다.

#3. 전화할 곳이 없는 회사원
기다리던 승진을 했습니다. 누구나 되는 것이라고 말했지만, 내심 웃음이 멈추지 않습니다. 퇴근길에 기쁜 소식을 알리고 싶어 핸드폰을 열었습니다. 그런데 딱 거기까지였습니다. 편한 마음으로 전화할 동료가 없습니다. 반대로 이번에도 승진에서 떨어졌습니다. 당연히 될 거라고 생각했는데 화가 납니다. 퇴근길에 동료에게 전화를 걸어 회사 욕을 잔뜩 합니다. 그래도 화가 풀리지 않아 다른 동료에게 전화를 걸어 못다 한 험담을 쏟아냅니다. 속사포 같은 험담에 동료는 대답할 기회도 없습니다. 동료는 들어주기만 했지만, 존재 자체가 심신 안정제입니다.

아이 옆에 서 있는 부모, 지친 회사원 앞에 마주 앉은 친구, 수화기 너머에서 속사포 험담을 들어주는 동료. 부모, 친구, 동료는 사실 크게 한 일이 없습니다. 옆에 서 있고, 마주 앉아 있고, 들어준 게 전부입니다. 그런데도 아이와 지친 회사원, 승진에서 떨어진 사람은 힘을 얻었습니다. 이는 행위의 힘이 아니라 존재의 힘입니다. 아무것도 하지 않아도 곁에 있다는 것만으로도 위로가 되는 존재의 힘입니다. 존재의 힘은 사회복지사의 장점입니다.

우리는 주민 곁에 있습니다. 국가도, 자녀도 대신하지 못하는 일입니다. 사실 우리가 줄 수 있는 것은 많지 않습니다. 주민의 생계를 해결해 줄 수 없습니다. 일자리를 줄 수도 없고, 자녀의 교육 문제를 해결해 줄 수도 없습니다. 그런데도 우리는 주민 곁에 있습니다. 주민 앞에 마주 앉아 있습니다. 주민의 이야기를 듣습니다. 우리는 그동안 이것이 끝이 아니라는 말을 들어왔습니다. 마주 앉아 이야기를 듣는 것을 시작으로 문제와 욕구를 찾아내고, 외부 자원을 연계하거나 당사자가 스스로 문제를 해결할 수 있도록 도와야 한다고 말입니다. 맞는 말입니다. 그렇게 되면 정말 좋은 일입니다. 그렇다고 해서 지금 우리가 가진 특별한 능력을 스스로 깎아내려서는 안 됩니다. 다른 목적을 이루기 위한 수단으로만 여겨서도 안 됩니다.

우리의 역량은 사례관리, 문서작성, 자원개발, 주민조직이 전부가 아닙니다. 최고의 역량은 주민 곁에 함께 있는 우리의 존재 자체입니다. 아이 옆 부모처럼, 마주 앉은 친구처럼, 들어주는 동료처럼 말입니다. 다시 강조하지만, 주민과 함께하는 관계 능력은 우리가 가진 특별한 역량입니다. 절대로 아무나 할 수 있는 일이 아닙니다. 우리 자신부터 이것을 인정해야 합니다. 겸손이 지나치면 자기 비하가 됩니다. 자기 비하는 자신만 낮추는 것이 아니라, 내가 속한 공동체의 걸림돌이 됩니다.

사회적 고립이 이슈입니다. 고립된 사람을 찾기도 어렵지만, 찾아도 할 수 있는 일이 없다는 염려 가득한 말을 듣습니다. 가장 큰 선물을 눈앞에 두고 다른 선물로 고민하는 것과 같습니다. 방문, 전화, 소식지, 홍보물, 도시락, 후원품으로 말을 거는 존재가 있다는 것만큼 큰 선물은 또 없습니다. 노리나 허츠는 '고립의 시대'에서 고립의 다양한 원인과 현상을 설명하고 나름의 해법을 제시합니다. 그녀는 외로운 세기의 해독제는 서로를 위해 있어 주는 것이라고 말합니다. 그래도 석학이고 세계적인 베스트셀러 작가인데, 491페이지에 달하는 책의 결론이 너무 허무하게 느껴집니다. 그러나 진리는 원래 단순한 법입니다. 함께 있어 주는 힘은 절대 적지 않습니다. 어쩌면 노리나 허츠가 말하듯이 유일한 해독제일지도 모릅니다. 우리는 그 해독제를 가진 사람들입니다. 남은 것은 자신 있게 사용하는 일입니다. 우리가 주민 곁에 함께 있는 지금 이 순간이 최선입니다.

#존재의_힘

#곁에_있는_사람들

#함께_있다는_위로

#복지의_본질

#고립의_해독제

글로새김

Q1. 겸손이 지나쳐 자신의 능력을 과소평가하지는 않나요?

겸손은 자신을 낮추는 게 아니라 남을 높이는 거예요. 자신을 낮추는 건 자기비하라고 하죠. 겸손을 잘못 사용하고 있다면 이것부터 바로 잡아야 해요.

Q2. 곁에 있는 존재만으로 힘이 되는 그런 사람이 곁에 있나요?

나부터 경험해야 나도 그렇게 할 수가 있어요. 그런 사람을 찾아보세요. 분명히 있습니다. 책에서 배우듯이 그 사람의 존재에서 배우세요.

Q3. 지금 여러분은 누구 곁에 존재하고 있나요?

여러분도 모르게 실천의 행위가 아닌 존재로 누군가에게 힘이 되고 있어요. 생각해 보세요. 주위에 그런 사람을요. 여러분은 그렇게 존재로 복지를 하는 사람이에요.

자신감을 잃은 사회복지사에게

복지기관에 근무하는 사회복지사를 만나 속 이야기를 나눌 수 있는 사이가 되면, 자문이나 교육으로는 할 수 없는 깊은 대화를 나누게 됩니다. 요즘에는 청년 사회복지사를 주로 만나고 있습니다. 대화를 마치고 돌아서면 마음에 오래 남는 단어가 있는데, 최근에는 단연 '자신감'입니다. 대부분 자신이 없다고 말합니다. 주민을 만날 자신이 없고, 문서 작성도 자신이 없으며, 프로그램을 운영할 자신도 없다고 합니다. 자신이 없다는 말의 끝에는 더는 복지를 할 자신이 없다는 뜻이 담겨 있습니다.

자신감은 자신을 신뢰하는 감정입니다. 자신의 무엇을 신뢰하느냐가 중요합니다. 능력을 신뢰하면, 그 끝에는 교만과 자기 비하라는 양극단이 있습니다. 진정한 자신감은 존재를 신뢰하는 것입니다. 지금까지 살아낸, 그리고 지금 살아 있는 자신을 신뢰하는 겁니다. 그럼에도 불구하고 살아내어 지금 이 자리에 있으니, 앞으로도 살아낼 것이라는 사실을 믿는 것이죠.

그러니 발표를 준비하면서 "나는 자신감이 없다"는 말은 이제 그만해야 합니다. 자신감이 없는 게 아니라 발표력이 부족하다고 말해야 합니다. 능력의 중요한 바탕은 경험이므로, 발표 경험이 부족하다고 말해야 정확한 표현입니다. 자신감은 발표를 못하더라도 나는 살아갈 것이라는 믿음입니다. 발표를 잘할 것이라는 근거 없는 믿음은 자신감이 아니라 과한 자기 확신입니다.

떨려도 괜찮고, 더듬어도 괜찮습니다. 그것은 경험이 해결해 줄 문제이며, 설사 발표를 잘하지 못하더라도 내가 살아 있는 한 끝은 아닙니다. 그런 마음으로 떨리더라도, 더듬더라도, 횡설수설하더라도 무대를 피하지 않는 게 자신감입니다. 자신감은 능력에 쏠린 시선을 생명력으로 돌릴 때 진짜 힘을 발휘합니다.

하지만 이것은 개인의 노력만으로 되는 일이 아닙니다. 사회는 이미 오래전부터 능력과 돈을 최우선의 가치로 여겨 왔습니다. 특히 한국 사회는 학벌이 추앙받는, 최고 수준의 능력 중심 사회입니다. 이런 사회에서 반대편의 방파제가 되어야 할 존재가 비영리조직입니다. 그러나 안타깝게도 비영리조직도 능력 중심 사회의 거센 파도에 잠식되고 있습니다. 이대로라면 모두 무너질지도 모릅니다. 당장 사회를 바꿀 수는 없더라도, 지금 우리가 할 수 있는 일부터 해봅시다.

첫째, 리더는 존재와 능력을 구분해야 합니다. 앞서 말했듯이 자신감은 능력이 아니라 존재입니다. 능력은 평가할 수 있지만, 존재는 평가의 대상이 아닙니다. 리더가 존재와 능력을 구분하지 않으면, 직원은 능력에 대한 평가를 자신의 존재에 대한 평가로 받아들입니다. 특히 세대 간의 대화가 부족하고, 타인의 비판에 익숙하지 않은 청년 세대일수록 이러한 경향이 강합니다. 리더는 분명하고 구체적인 언어로 존재와 능력을 구분해 줘야 합니다. 능력에 대한 지적을 존재를 공격하는 것으로 받아들일 수도 있으니까요.

둘째, 직원 스스로도 존재와 능력을 구분해서 받아들여야 합니다. 리더와 조직이 그렇게 해주면 가장 좋지만, 외부 환경을 우리의 뜻대로만 통제할 수는 없습니다. 리더와 조직의 몫이 있고, 나의 몫도 있습니다. 이번에 평가보고서를 잘못 작성해서 지적받았다면, 그것은 나의 존재에 대한 지적이 아니라 평가보고서 작성 능력에 대한 지적입니다. 이렇게 구분하지 않으면 스스로 감정의 깊은 골방에 갇히게 됩니다. 평가보고서 작성이 미흡한 사회복지사에서 상처 입은 인간으로 변모합니다. 문서 작성 능력은 연습으로 기를 수 있지만, 상처는 치유라는 전혀 다른 해결이 필요합니다. 이것도 쉽지 않은데 상처가 반복되고 깊어지면, 2차, 3차, 4차 감정으로 확산해서 결국 아무것도 하지 못하는 상태가 됩니다.

셋째, 자신감을 높이는 가장 좋은 방법은 동료 집단의 격려입니다.

존재와 능력을 구분하지 못하는 리더의 말이 넘쳐나고, 자신 또한 이를 구분하지 못해 존재에 상처가 생길 때, 더 이상 곪지 않도록 막아주는 방파제가 바로 동료입니다. "괜찮아, 그럴 수 있어"라고 말해주는 단 한 명의 동료가 있다면, 자신감은 다시 살아납니다. "평가보고서는 다음에 더 잘 쓰면 돼"라고 말하며 커피 한잔을 권하는, 나의 존재를 아껴주는 한 사람의 동료가 있다면, 자신감은 무너지지 않습니다.

넷째, 그래도 능력 중심 사회에서 계속 능력으로 평가받으며 자신감을 잃지 않으려면, 경험을 늘려야 합니다. 사회복지 현장의 능력은 이론이 아니라 실천입니다. 실천은 곧 경험이며, 경험을 통해 실력이 쌓입니다. 예를 들어 지역 조직화의 실력은 주민을 얼마나 자주 만나느냐에 따라 결정됩니다. 내가 극단적인 I형 인간일지라도, 주민을 만나는 경험을 늘려야 합니다. 부끄러움을 극복하고 만나야 한다고 생각하면 영영 만나지 못합니다. 부끄러운 모습 그대로 주민을 만나야 합니다. 부끄럽지 않은 척할 필요도 없습니다. 경험이 부족해서 부끄럽다고 솔직히 말하면 됩니다. 다시 한번 강조하지만, 경험이 곧 실력입니다. 경험은 능력에 대한 지적이 존재를 침범하지 못하도록 막아주는 든든한 안전망입니다.

과거에는 기관에서 어려움이 생기면 다른 기관으로 이직을 고민했지만, 요즘은 아예 복지를 떠날 생각을 합니다. 물론 복지만이 최선의 길이라는 뜻은 아닙니다. 다른 직종으로 가는 것도 충분히 가능한 선택입니다. 하지만 떠날 때 떠나더라도 자신감을 잃고 떠나지 않으면 좋겠습니다. 지금 이곳에서 어깨를 활짝 펴고 씩씩하게 오늘을 살아내는 경험을 했으면 합니다. 지금 안 되는 것이 나중에 되기 어려우며, 여기서 안 되는 것이 다른 곳에서 된다는 보장도 없습니다. 자신의 부족한 실력을 성찰하고 노력하되, 남들의 지적에도 존재의 어깨를 활짝 펴야 합니다. 실력에 대한 지적이 존재를 침범하도록 허락하지 말고, 존재의 고개를 꼿꼿이 들고 있어야 합니다. 자신감을 꺾는 사람의 말에는 귀를 닫고, 내 존재의 의미를 살려주는 동료의 말에 귀를 기울여야 합니다. 복지계를 떠나는 것과 이직은 그다음입니다. 존재의 자신감이 무너지지 않아야 더 나은 선택을 할 수 있습니다. 자신감은 능력이 아니라 생명력입니다.

#자신감은_존재감

#능력보다_경험

#존재의_어깨를_펴자

#구별해서_듣기

#함께하는_동료의_힘

글로새김

Q1. 최근에 자신감을 잃었던 때가 있나요?

의욕이 사라지는 건 환경 탓만은 아니에요. 자신감을 잃으면 감정이 마르기 시작해요. 사람마다 자신감을 잃는 환경과 원인이 달라요. 진단이 분명해야 처방이 정확해요.

Q2. 자신감의 근거를 능력에서만 찾지는 않았나요?

그럼에도 지난 시간을 살아내고, 지금 살아 있는 자신의 존재를 인정하는 마음이 자신감이에요. 자신감을 정신 승리, 과욕과 혼동하지는 않았는지 생각해 보세요.

Q3. 주위에 자신감의 방파제가 되어주는 사람이 있나요?

혼자서는 어려워요. 부모의 보호로 아이가 성장하듯이 우린 누군가의 보살핌이 필요한 사람이에요. 주위에 나도 인정하지 못하는 나를 인정하고 보살펴 주는 사람이 있어야 해요.

사회복지사라는 자부심

모임에서 지난 한 주를 나누는 시간이 있었습니다. 메리골드를 별칭으로 사용하는 사회복지사가 지난주에 기억나는 일을 전했습니다.

"지난주에 지역 방문을 나갔을 때의 일이에요. 놀이터에서 초등학생 한 아이를 만나서 이런저런 대화를 나눴어요. 근데 그 친구가 자살하고 싶다고 말하는 거예요"

이렇게 시작된 메리골드의 말은 이후의 일들로 이어졌습니다. 복지관으로 돌아와서 사례 관리 명단 중에 있는지 찾아보았으나 없었고 계속 걱정이 되어 주민센터를 찾았습니다. 주민센터에서도 정보를 얻을 수 없어서 걱정만 쌓였는데 학교에서 알 수도 있다는 누군가의 말에 학교로 향했습니다. 다행히 학교 사회복지사의 도움으로 놀이터에서 만난 친구의 소재를 알았고 학교에서도 관심을 가지는 학생이란 말을 듣고 안심했습니다. 주소를 알아내서 아이의 집으로 갔지만 낯선 사람에게 문을 열어주지 말라는 부모님의 말을 철저히 지키는 아이는 문을 열어주지 않았습니다. 두 번째 방문에 부모님을 만나게 되었습니다.

메리골드의 말이 끝나자, 옆에 있는 구구를 별칭으로 사용하는 참석자가 손을 들어 발언권을 요청했습니다. 구구는 감격한 얼굴로, 진심으로 고맙다는 말을 전했습니다. 자신은 사회복지를 잘 모르는데 이야기를 들으며 감동했다고 말했습니다. "이런 분들이 있어서…"라며 손을 모아서 말을 대신했습니다.

메리골드의 행동은 사회복지사라면 당연한 일입니다. 어쩌면 익숙한 일인지도 모릅니다. 그런데 다른 사람의 눈에는 절대로 당연하고 익숙한 일이 아닙니다. 자본주의 최정점 한국에서 사회복지를 직업으로 선택했다는 사실이 이미 특별합니다. 나 혼자 먹고 살기에도 벅찬 곳에서 타인을 위한 일을 직업으로 삼는다는 게 어떻게 당연한 일인가요? 물론 우리는 대가 없이 일하지는 않습니다. 다른 직업처럼 월급을 받습니다. 똑같이 노동법의 보호를 받는 노동자입니다. 그러나 우리에게는 다른 점이 있습니다. 사람을 가장 중요한 가치로 삼는 사람들이란 점입니다. 그런 뜻에서 사회복지를 사람을 위한 사람의 일로 정의 내릴 수도 있겠습니다.

구구의 마음 담은 말과 행동에 생각하게 되었습니다. 사회복지사들만의 대화였다면 이런 생각을 못했겠죠. 사회복지사의 똑같은 일상으로 그러려니 하면서요. 자부심이란 단어가 있습니다. 사전에는 '자기 자신 또는 자기와 관련된 것에 대하여 스스로 그 가치나 능력을 믿고 당당히 여기는 마음'이라고 쓰여 있습니다. 쉽게 말해 자신을 귀하게 생각하는 마음입니다. 생각해 보니 사회복지는 자부심을 가진 사람이 해야 합니다. 가난한 사람에게 쌀을 주는 건 마음만 있다면 누구나 할 수 있는 일입니다. 그러나 쌀이 필요한 사람에게 자부심을 가지게 하는 건 아무나 할 수 있는 일이 아닙니다. 아무나 할 수 없는 일을 전문성이라고 말합니다. 우리의 전문성은 자부심이 되어야 합니다. 내가 먼저 자부심을 가져야 다른 사람도 그것을 가지도록 함께 할 수 있습니다.

사회문제는 갈수록 복잡해지고 사회복지사를 둘러싼 환경과 제도는 좀처럼 나아지지 않습니다. 책임은 커지는 데 권한은 제자리입니다. 그럼에도 사회복지사는 현장에서 감당해 내야만 합니다. 섬 입구의 방파제처럼 광활한 바다의 파도를 온몸으로 견뎌내야 합니다. 그래서 더욱 자부심을 가져야 합니다. 우리를 견디고 다시 힘이 나게 하는 건 월급이 아니라 자부심입니다. 우리 자신에 대한 자부심이자 우리가 하는 일에 대한 자부심입니다. 일을 꼭 잘해야 얻는 자부심이 아닙니다. 방파제는 잘하고 못하고가 없습니다. 자리를 지키면 됩니다. 그것으로 족합니다. 현장의 여러분이 그렇습니다. 사회적 고립 당사자를 찾지 못해도, 사각지대를 발굴하지 못해도, 환경문제를 해결하지 못해도, ESG를 온전히 실천하지 못해도 자부심을 가지면 좋겠습니다. 행위의 자부심이 아닌 존재의 자부심을 말입니다.

그날 메리골드는 구구의 반응이 처음에는 낯설었나 봅니다. 어리둥절한 표정이 말해줍니다. 그러나 그건 잠시였습니다. 구구의 마음을 전달받은 메리골드는 급속 충전한 핸드폰의 화면처럼 더 밝은 얼굴이 되었습니다. 그런 얼굴로 메리골드는 말했습니다. 자신은 잘하는 사회복지사보다 좋은 사회복지사가 되고 싶다고요. 메리골드 같은 사회복지사가 있어서, 그런 메리골드에게 고마움을 전하는 구구 같은 사람이 있어서 사회가 안녕(복지)하나 봅니다.

#존재의_자부심
#좋은_사회복지사
#사람을_위한_사람의_일
#곁에_있는_힘
#복지의_진짜_모습

글로새김

Q1. 자부심이 있으신가요?

매우 있다. 있는 편이다. 없는 편이다. 전혀 없다. 잠시 시간을 가지고 생각해 보세요. 그리고 체크해 보세요.

Q2. 자부심의 근거는 무엇인가요?

요즘 자신의 자부심을 그렇게 생각한 이유가 중요해요. 자부심이 있으면 좋고 없으면 나쁜 게 아니에요. 나를 정확하게 아는 게 핵심이에요.

Q3. 다른 사람이 자부심을 느끼도록 하려면 어떻게 해야 할까요?

나부터 자부심의 긍정적 경험을 해야 다른 사람에게도 그렇게 할 수 있어요. 여러분의 경험에서 찾아 보세요. 찾으면 보일 거예요.

태도가 복지를 만든다

'매너가 사람을 만든다'

영화 킹스맨의 유명한 대사입니다. 영화 대사를 인용해서 제목을 지었습니다. 태도가 복지를 만듭니다. 역량을 흔히 태도와 지식과 기술의 합으로 표현합니다. 모두 중요한 요소이지만 기초는 태도입니다. 나쁜 태도에 지식과 기술이 쌓이면 위험합니다. 지식과 기술이 사람을 해치고 자신의 이익만 생각합니다. 사회복지는 특히 태도가 중요합니다. 사람이, 사람을 위해서, 사람과 함께 하는 실천이기 때문입니다.

사회복지사들은 착하다고 말합니다. 태도가 좋다는 말입니다. 그래서 다른 분야와 다르게 태도는 기본이라 생각하고 지식과 기술에 집중합니다. 문서 작성 기술이 좋으면 인정받습니다. 정책을 많이 알고 프로그램을 잘 돌리면 역량 있는 사회복지사가 됩니다. 그러나 기본은 강조하고 강조해도 지나치지 않습니다. 사회복지사는 착하다고 태도를 점검하지 않고 넘어가서는 안 됩니다. 대가일수록 기본기에 충실한 법입니다.

연말에 사회적 고립 주민발굴단의 성과 공유회에 참여한 일이 있습니다. 토크쇼 형태로 지난 한 해를 돌아보고 함께해 주신 주민분들께 감사를 전했습니다. 행사가 끝나고 함께 진행한 사회복지사님께 인사를 전하려고 했습니다. 사회복지사님은 한 어르신 앞에 앉아서 손을 잡고 이야기를 나누고 있었습니다. 두 발짝 뒤에서 보고 있는데 누가 봐도 할머니와 손녀딸의 모습 같았습니다.

주민에게 인사를 잘하는 것은 평가에 담기지 않습니다. 주민 프로그램을 몇 번 했고 얼마나 만족했는지가 중요합니다. 자연스럽게 태도를 점검하기 보다는 프로그램 진행과 결과보고서 작성에 신경을 쓰게 됩니다. 평가 제도 탓이라고 말할 수 있습니다. 결재를 받으려면 어쩔 수 없다고 말할 수 있습니다. 물론 충분한 이유가 됩니다. 하지만 탓만 하기에는 자신도 모르게 익숙해진 게 아닌가 돌아봐야 합니다. 반복되면 습관이 되고, 습관은 생각하지 않아도 몸을 움직입니다. 더 이상 누가 시키지 않아도 말입니다.

태도는 숨기지 못합니다. 자신도 모르게 몸으로 표현되기 때문입니다. 사회복지사님이 어르신께서 부르시니 몸이 반응해서 무릎을 낮추고 앉아서 손부터 잡게 되는 것처럼 말입니다. 우에노 지즈코는 '돌봄의 사회학'에서 좋은 돌봄은 개별 돌봄이라고 힘주어 말합니다. 이상적인 돌봄은 따로 없고 그래서 매뉴얼도 없다고 합니다. 100명이라면 100가지 방법이 있으니, 당사자에게 물어보는 게 최선의 방법이라고 합니다. 그러면서 돌봄이란 대인 관계 그 자체라고 결론을 맺습니다.

사회복지 경력이 많지 않은 사회복지사는 결과보고서와 프로포절 작성에 능숙하지 않을 수도 있습니다. 주민 앞에서 말하는 게 어색할 수도 있습니다. 그러나 이런 건 큰 문제가 되지 않습니다. 시간이 지나고 경험이 쌓이면 해결될 일입니다. 제가 만났던 사회복지사님은 이런 것과 비교할 수 없는 진짜 역량이 있습니다. 할머니 앞에 자동으로 앉는 무릎의 역량이 있습니다. 할머니가 말을 시작하면 손을 잡는 역량이 있습니다. 할머니의 눈을 따뜻하게 마주 보는 역량이 있습니다.

사회문제가 갈수록 복잡해집니다. 마음이 아프고 복합적 정신 문제로 신음하는 사람들이 많아집니다. 앞으로는 더욱 그럴 겁니다. 쌀이 없는 사람에게는 쌀을 후원받아 전달하면 되지만, 마음의 문제는 그렇게 해결되지 않습니다. 엄밀히 말하면 우리가 할 수 있는 일이 갈수록 줄어듭니다. 고립된 주민을 발굴하기도 어렵지만 찾았다고 한들 할 수 있는 게 없습니다. 결국 우리에게 남은 역량은 관계의 힘입니다. 감히 말씀드립니다. 주민 상담 일지를 잘 쓰는 사회복지사의 시대에서 주민의 눈을 따뜻하게 마주하는 것을 잘하는 사회복지사의 시대가 되었습니다. 태도가 사회복지를 만듭니다.

#태도가_복지를_만든다
#무릎의_역량
#사람_중심_복지
#돌봄은_관계다
#곁에_있는_사회복지사

글로새김

Q1. 태도가 좋다는 소리를 들으시나요?

내 주위 사람은 내 태도를 비치는 거울이에요. 도무지 그런 기억이 없다면 다른 무엇보다 먼저 태도에 집중하면 좋겠어요.

Q2. 좋은 태도를 갖추기 위해서 무엇을 하셨나요?

태도는 외모처럼 타고난 것만은 아니에요. 저절로 생기지 않아요. 노력해야죠. 프로포절 작성 능력보다 태도를 갖춰야 해요.

Q3. 주위에 태도가 좋은 사회복지사는 누구인가요?

어떻게 할지 모른다면 사람에게 배우세요. 그 사람의 태도를 분석해 보세요. 그리고 분석의 결과를 자신에게 적용하세요. 공부의 시작은 스승을 따라 하는 거예요.

역량을 갖추고 싶다면

복지는 착한 사람이 어려운 사람을 도와주는 게 전부가 아니라고 말합니다. 복지는 전문성이 필요하다고 힘주어 강조합니다. 그래서 그동안 사례 관리를 중심으로 상담, 행정, 기획, 조직의 전문성을 높이려고 힘을 쏟았습니다. 노력은 배신하지 않습니다. 힘을 쏟은 만큼 얻은 게 있습니다. 그러나 얻으면 잃는 게 있습니다. 역량의 밭인 태도입니다.

역량은 태도와 지식과 기술의 합입니다. 라디오에서 BTS의 뮤직비디오 감독이 출연해서 했던 말이 기억납니다. BTS의 성공 비결을 묻는 시청자의 질문에 어렵게 꺼낸 대답이 바로 '태도'였습니다. 성공 비결을 하나로 꼽기는 어렵지만 그런데도 하나를 말하라면 '태도'라고 답했습니다. 그럼 BTS의 바른 태도는 어디서 나왔을까요? 태어날 때부터일까요? 물론 그런 부분도 있겠지만, 태도는 주위에서 보고 들은 대로 만들어집니다. 보고 들은 것을 '지식'이라고 부릅니다. 지식이 손과 발로 실천되면 '기술'이 되고요. 결국 역량은 태도와 지식과 기술의 합인데 가장 중요한 시작은 태도입니다. 태도의 밭이 없는데 지식을 심으면 결국 메마르고 실천의 열매를 맺지 못합니다.

사회복지를 제대로 실천하기 위해서는 정책과 자원만으로 되지 않습니다. 사회복지사의 역량이 중요합니다. 그러나 역량이 지식과 기술에만 집중되어서는 곤란합니다. 아니 그래서는 안 됩니다. 태도를 갖추지 못한 기업가, 의사, 변호사가 사회에 끼친 나쁜 영향을 생각해 보세요. 지식과 기술은 반드시 바른 태도의 밭에 심어져야 합니다. 사회복지사의 역량도 다르지 않습니다. 그동안 지식과 기술에 밀려서 소홀히 했던 태도를 점검해야 합니다. 물론 태도는 단번에 좋아지지 않습니다. 지금까지 내가 살아온 시간이 오롯이 태도로 나타나기 때문입니다. 그러나 지금의 노력이 쌓여서 미래의 태도가 된다는 사실을 기억해야 합니다.

그렇다면 우리에게 필요한 태도는 무엇일까요? 첫째도, 둘째도, 셋째도, 사람에 대한 예의입니다. 강조하고 강조해도 지나치지 않습니다. 사회복지는 예의 바른 사람이 해야 합니다. 예의는 보이지 않는 품성이지만, 눈으로 보일 때가 있습니다. 가장 쉽게 보이는 때가 '인사'입니다. 예의 바른 사람은 인사가 몸에 배어 있습니다. 인사는 단순히 안부를 묻는 게 아닙니다. 상대를 하찮게 보거나 미워하거나 불편하면 인사하기 어렵습니다. 주민에게 인사를 하지 않거나 인사하기가 어렵다면 자신의 예의를 점검해 봐야 합니다. 동료 직원과의 인사도 마찬가지입니다. 내가 얼마나 예의 있는지는 가까이 있는 사람이 가장 정확하게 압니다. 사업 평가에 신경 쓰는 만큼 직원들의 평가에도 귀를 기울여야 합니다. 관장님께는 인정받지만 동료에게 그런 평가를 받지 못한다면 예의 바른 사람이 아니라 기회주의자인지도 모릅니다.

얼굴은 얼(정신)을 담은 그릇입니다. 마음은 표정으로 나타납니다. 예의도 표정에 나타납니다. 말은 속여도 표정은 숨기지 못합니다. 표정을 억지로 숨겨도 마음의 창문인 눈은 속이지 못합니다. 예의가 바른 사람은 표정이 살아 있습니다. 표정에 존경이 담겨 있고 사람에 대해 따뜻함이 묻어납니다. 주민을 만나서 이야기만 나눠도 상대가 그 마음을 받습니다. 똑같이 주민을 만나도 어떤 직원은 만날수록 관계가 깊어지고, 어떤 직원은 만나도 형식적인 관계만 맺어지는 이유입니다.

예의가 바른 사람은 사람을 함부로 대하지 않습니다. 여기서 말하는 '함부로'는 욕을 하거나 무시한다는 말이 아닙니다. 그런 정도라면 사회복지를 택하지도 않았겠죠. 아니면 지금이라도 빨리 자신에게 맞는 다른 직업을 찾는 게 좋습니다. 우리는 '함부로'의 수준을 높여야 합니다. 무시하지 않는 정도로 만족하지 말아야 합니다. 사람을 수단으로 만드는 게 '함부로'입니다. 사업의 실적을 위해서 주민을 모은다면 그건 '함부로'입니다. 사람을 수단으로 사용했기 때문입니다. 모집이란 멋진 표현을 썼지만, 사실은 관의 행사와 가짜 집회에 사람을 동원하는 것과 다르지 않습니다. 프로그램실로 들어서는 주민에게 출석부부터 들이대지는 않는지 생각해 봐야 합니다. '함부로'는 나도 모르는 사이 암세포처럼 자랍니다.

사회복지사의 역량 강화 요구가 거셉니다. 지역 밀착형 복지관 사업은 한술 더 떠서 통합 역량이란 표현까지 남발합니다. 필요하다면 해야 합니다. 다만 하려면 제대로 하면 좋겠습니다. 옷의 단추를 차근차근 제대로 끼워야 합니다. 애정이 없는 지식은 교만이 되고, 예의가 없는 기술은 상처만 남깁니다. 역량 강화 현수막을 걸고 직원 교육을 하는 것보다 각자가 하루를 돌아보며 쓰는 일기 한 장이 더 필요한 때인지도 모릅니다. 지역과 주민을 살피던 시선을 잠시 내 마음으로 돌리면 어떨까요? 마음의 소리를 듣고 자신을 돌아보는 사람이 시대가 필요한 역량을 갖춘 사람입니다.

#태도가_역량이다

#예의가_복지다

#사람을_사람답게

#표정에서_시작하는_복지

#지시보다_중요한_마음

글로새김

Q1. 평소에 표정이 좋다는 소리를 들으시나요?

보이지 않는 마음은 표정으로 모습을 보여줘요. 요즘 표정이 어둡고 안색이 좋지 않다면 그건 건강만의 문제는 아니에요. 표정이 마음이에요.

Q2. 주위에 표정이 밝고 예의가 바른 사람이 있나요?

주위에 표정 어두운 사람들이 있으면 우리도 닮게 돼요. 표정이 좋은 사람과 가까이 하는 것도 내 표정을 밝게 하는 방법이에요.

Q3. 주민에게 표정과 태도로 칭찬받은 기억이 있나요?

소중한 것일수록 눈에 보이지 않아요. 엄마의 마음처럼요. 후원물품을 전달하고 받는 감사 말고 주민에게 태도로 칭찬 받는 일이 많아져야 실천에 힘이 나요.

우울을 대하는 자세

마음이 아픈 사람은 마음이 맑은 사람입니다. 맑은 물에 잉크가 진하게 퍼집니다. 탁한 물에는 잉크 몇 방울쯤이야 표도 나지 않습니다. 밭이 오염되면 나무도 아프기 마련입니다. 한국이란 밭이 아픕니다. 인류 역사에 없는 성장을 반세기 만에 이뤄낸 그림자가 사방에서 짙게 드리웁니다. 자살률, 출산율, 노인빈곤율은 변명하지 못하는 분명한 수치로 말해줍니다. 한국 사회가 우울하니 사람이 우울합니다. 한국 사회가 공허하니 사람이 공허합니다.

우울을 자신만의 문제로 끌어안지 말아야 합니다. 내가 의지가 없고 정신력이 약해서 우울한 게 아니란 말입니다. 개인의 심리를 분석하는 기술은 발전했는데 사회가 미치는 영향과 대응은 그만큼 발전하지 못했습니다. 사람은 홀로 존재하지 않습니다. 친구와 가족이 있고 사회 속에서 살아갑니다. 나의 선택으로 인한 문제와 사회 구조의 문제를 구분해야 합니다. 내 선택마저도 사회의 영향이 있으니 무엇이든 나는 사회의 영향에서 벗어나지 못합니다. 그러니 내 책임만 있는 게 아닙니다. 사회 구조에도 분명한 책임이 있습니다.

사람 변하지 않는다고 말합니다. 쉽게 변하지 않고 변화에 시간이 필요하다는 말입니다. 마음의 우울함이 단번에 사라지지 않습니다. 혼자 끌어안던 사람이 내 책임과 사회의 책임을 구분하기 어렵습니다. 당장 내가 할 일은 해야 버텨내면서 시간을 벌 수 있습니다. 사회와 연결된 감각을 줄이는 방법입니다. 마음이 맑은 사람은 판단하기보다는 수용합니다. 주위 환경이 좋을 때는 수용하는 게 옳은 선택입니다. 그러나 나쁜 환경에는 판단하고 거부할 것은 거부해야 합니다.

나를 아끼는 친구의 말은 수용하면 할수록 내게 도움이 됩니다. 그러나 나를 지적하는 말은 한번 생각해야 합니다. 그 지적이 옳은지, 내게 맞는 말인지, 잘못된 지적은 아닌지 판단해서 받아들일 것은 받아들이고 버릴 것은 버려야 합니다. 그러나 마음이 맑으면 시냇물처럼 모두 다 받아들입니다. 자정능력이 있을 때는 그래도 괜찮습니다. 하지만 자정능력은 무한하지 않습니다. 맑던 시냇물도 탁해지고 생명력을 잃게 됩니다. 그때부터는 작은 말 한마디에도 상처가 깊습니다. 내 행위에 대한 작은 지적에도 존재의 의미마저 흔들리게 됩니다.

마음이 아픈 사람이 해야 할 일이 있다면 곁에 있는 우리의 역할도 있습니다. 먼저 마음이 아픈 사람을 홀로된 존재가 아닌 사회의 일원으로 봐야 합니다. 사회 구조의 책임을 놓치지 말아야 합니다. 그래야 약한 사람, 도움이 필요한 사람, 위기의 사람으로 보지 않게 됩니다. 우리와 똑같은 사람인데 마음이 맑아서 사회 구조의 그림자를 먼저 뚜렷하게 겪는 사람으로 보게 됩니다. 이런 생각이 중요한 이유는 그래야 섣부른 위로를 하지 않기 때문입니다. 위로 자체가 문제는 아닙니다. 위로의 때와 방법이 문제입니다.

최선의 위로는 '곁에 있어 주기'입니다. 꼭 위로의 말을 찾지 않아도 됩니다. 친구와 떠난 여행을 생각해 보세요. 친구와 여행 내내 말하지 않습니다. 좋은 경치를 보고 먹고 쉬면서 함께 있습니다. 꼭 말하지 않아도 함께 있는 시간과 공간이 곧 대화입니다. 마음이 아픈 사람에게 지금 제일 필요한 것은 위로가 아닙니다. 말 몇 마디로 회복될 아픔이었다면 아프지도 않았습니다. 강제로 혼자 떠난 종착지를 모르는 여행이라면 매 순간이 고통일지도 모릅니다. 그런데 어느 순간 친구가 나타나서 남은 여행을 함께 한다면 상황이 달라집니다. 어디로 가야 할지 모르는 상황은 똑같지만 친구의 존재로 다른 여행이 됩니다.

그래도 뭔가를 하고 싶다면 마음이 아픈 친구가 내게 얼마나 소중한 존재인지를 알려주면 됩니다. 꼭 말로 전하지 않아도 됩니다. 정성 담긴 편지로, 함께 먹는 밥으로, 애정 담긴 눈빛으로, 따뜻한 손길로 전하면 됩니다. 사회가 바뀌려면 많은 시간이 지나야 합니다. 많은 시간이 흘러도 우리가 바라는 대로 변하지 않을 수도 있습니다.

그러나 편지와 밥과 눈빛과 손길로 '곁에 있어 주기'는 지금 당장 할 수 있는 일입니다. 지금이 중요합니다. 우리는 지금을 살아가는 사람입니다.

#곁에_있는_것만으로_충분하다

#마음이_맑은_사람

#사회는_책임이_있다

#지금이_중요하다

#편지_밥_눈빛_손길

글로새김

Q1. 우울한 사람을 약한 사람으로 오해하지는 않았나요?

우울과 약함을 연결하면 문제에 집중하게 돼요. 나는 그렇게 약하지 않다는 교만한 마음이 생기고요. 문제로 보는 시선에 변화가 필요해요.

Q2. 개인의 아픔 속에 가려진 사회의 문제를 알고 있나요?

인간은 사회적 동물이에요. 개인에만 집중하면 사회 구조의 문제를 놓치게 돼요. 그러면 단기적이고 왜곡된 대응만 하게 되죠. 사회를 알아야 해요.

Q3. 곁에 있는 존재만으로 위로 받은 경험이 있나요?

마음은 말과 선물로 채워지지 않아요. 말과 선물보다 전하는 사람의 존재가 더 중요해요. 그런 경험을 떠올려 보세요.

다정한 기관, 친절한 복지사가 살아남는다

시대 변화에 맞춰 인재상도 변합니다. 모두가 가난한 시절에는 자원 개발을 잘하는 사람이 인정받았습니다. 이후에는 문서 작성을 잘하거나 주민조직을 잘하는 사람이었고요. 그렇다면 지금은 어떤 사람을 필요로 할까요?

침팬지는 다른 종에게 매우 적대적입니다. 심지어 같은 종이라도 가족이 아니면 살해도 서슴지 않습니다. 집단으로 어린 침팬지를 죽이는 일도 벌어집니다. 힘과 폭력적인 방식으로 상대를 제압하며 생존을 유지합니다. 반대로 보노보는 이웃에게 관대합니다. 나그네를 적으로 여기지 않고 친절하게 대합니다. 그렇다면 침팬지와 보노보 중 누가 더 생존에 유리할까요? 우리가 아는 상식으로는 침팬지가 유리해 보입니다. '적자생존'이라는 단어가 떠오르기 때문입니다. 그러나 보노보의 번식률이 더 높습니다. 이 실험 하나만의 결과가 아닙니다. 다른 실험에서도 다정함이 생존에 유리하다는 결과가 나타납니다. 브라이언 헤어의 책 '다정한 것이 살아남는다'의 통찰입니다.

보노보와 침팬지의 사례는 현대 조직에도 똑같이 적용됩니다. 소수의 천재가 세상을 이끌던 시대는 저물고 있습니다. 노벨상에 공동 수상자가 늘고 있는 이유입니다. 정보가 넘쳐나는 시대에 집단지성과 협력적 의사소통은 필수 요소가 되었습니다. 협력적 의사소통을 쉽게 이해하는 방법이 있습니다. 다음 질문에 답해보면 됩니다. 누구와 이야기 나누고 싶은가요? 뛰어난 능력을 갖춘 팀원인가요? 당신의 이야기에 귀 기울여주는 팀원인가요?

소통은 조직의 핵심 요소입니다. 다정한 사람이 이제 조직의 중심이 되어야 한다는 의미입니다. 흔히 '일 잘하는 사람'과 '착한 사람'을 비교합니다. 조직은 착하지 않아도 일 잘하는 사람을 선호한다고들 합니다. 지금까지는 그랬습니다. 실제로 조직의 리더들이 그런 사람을 선호했습니다. 하지만 이제는 달라졌습니다. 인성 문제로 하루아침에 몰락하는 연예인의 사례는 연예계만의 일이 아닙니다. 사람들은 인성이 좋지 않은 유명인을 더 이상 찾지 않습니다.

'일을 잘한다'는 의미도 다시 생각해 볼 필요가 있습니다. 일을 잘하면 얼마나 더 잘할 수 있을까요? 혼자서 얼마나 많은 일을 해낼 수 있을까요? 많이 양보해서 혼자서 세 사람 몫의 일을 한다고 해도, 그로 인해 30명 조직의 분위기를 해친다면요? 특히 사회복지기관은 사람이 사람을 위해 일하는 조직입니다. 다른 조직보다 몇 배 더 다정한 사람이 필요합니다. 다정한 사람이 능력자로 인정받고 다정함을 중요한 역량으로 여겨야 합니다.

다정한 사람은 인사를 잘합니다. 살아 있는 모든 생명체에게 먼저 인사를 건넵니다. '안녕하세요'라는 말 한마디에도 마음을 담아서 듣는 사람이 반갑습니다. 이런 사람과 아침 인사를 나누면 절로 기분이 좋아집니다. 그야말로 안녕한 상태인 복지가 됩니다. 안타깝게도 반대의 경우도 있습니다. 인사를 나누지 않고, 얼굴을 마주치지 않는 게 오히려 나은 사람도 있습니다. 다정한 사람은 감사를 표현할 줄 아는 사람입니다. 워크숍의 특별한 순서가 아니더라도, 평소에 동료에게 감사의 마음을 전합니다. 마음으로만 그치지 않고 말로 표현하고, 아이스 아메리카노 한 잔으로 전달합니다.

조직은 일을 잘하고 성과를 내는 직원에게 보상을 합니다. 조직의 발전에 기여했기 때문입니다. 같은 논리로, 다정하고 친절한 사람에게도 보상이 필요합니다. 비록 눈에 보이는 단기적 성과로는 드러나지 않지만, 조직을 조용히 발전시키고 협력적인 문화를 만드는 바탕이 되기 때문입니다. 실제로 평가에 다정함과 친절함을 포함한 기업도 있습니다. 세계적인 IT 기업 시스코가 대표적입니다. 시스코는 친절하고 다정한 직원을 동료의 추천으로 선정해서 100달러에서 10,000달러까지 돈으로 보상합니다. 시스코는 인성 좋은 사람을 양성하는 학교가 아닙니다. 그런데도 이런 제도를 도입한 이유는 기업에 도움이 되기 때문입니다.

한국의 복지기관은 보조금과 평가 시스템에 익숙해져 있습니다. 직원의 다정함과 친절함은 평가 지표에 없습니다. 그래서 가장 중요한 가치가 점점 사라지고, 가시적이고 단기적인 결과물에만 집중하게 되는지도 모릅니다. 정부와 정책의 변화를 기다리지만 말고, 지금 당장 우리가 할 수 있는 일을 실천해야 합니다. 인사를 잘하는 직원, 동료에게 친절한 직원, 감사를 표현할 줄 아는 직원, 주민을 따뜻하게 대하는 직원을 찾아서 보상하는 일은 이번 달부터도 충분히 가능합니다. 우리 스스로가 이런 보이지 않는 중요한 가치를 살리고 격려해야 합니다.

기술의 발달로 회의 발언을 텍스트로 자동 변환해 주는 시대가 되었습니다. 이런 시대에는 회의록을 잘 쓰는 것보다, 회의 참석자를 따뜻한 인사로 맞이하고, 상대의 발언에 공감하며, 발언량이 적은 사람에게 발언 기회를 배려하는 사람이 더 능력 있는 사람입니다. 새로운 시대를 준비하면서 우리는 너무 복잡하게 생각하고 있는지도 모릅니다. 진리는 본래 단순한 법입니다. 시대는 다정한 복지기관, 친절한 사회복지사를 간절히 원하고 있습니다.

#일을_잘한다는_것은

#다정한_사람이_능력자다

#인사는_작은_복지

#성과보다_사람

#진짜_역량은_태도

글로새김

Q1. 주위에 다정한 사람이 있나요?

주위에 화난 사람이 많다면 내가 지금 화가 나 있는 게 아닌가 점검해 봐야 해요. 마찬가지로 다정한 사람 곁에 다정한 사람들이 있어요. 내 주위 사람들이 내 마음의 거울이에요.

Q2. 인사를 잘하는 사람인가요?

관계의 시작은 인사예요. 모르는 사람과 처음부터 대화하지 않아요. 인사를 잘한다는 건 관계력이 좋다는 뜻이에요. 인사성을 점검해 보세요.

Q3. 친절하다는 소리를 듣나요?

문서로 평가를 받다보니 태도의 중요성을 놓치게 돼요. 관계가 강조되는 시대에 친절은 꼭 갖춰야하는 역량이에요. 친절은 자신이 아니라 주위 사람이 평가해요.

사회복지를 계속하려면

"사회복지를 계속하려면 어떻게 하면 되죠?"

복지관 팀 자문 때의 일입니다. 올해로 입사 3년 차가 된 사회복지사님이 물으셨습니다. 평소 자문에서 듣지 못한 낯선 질문입니다. 보통은 정보를 묻거나 선택할 수 있는 대안이나 구체적인 해결 방법을 묻습니다. 사회복지사님의 질문은 그런 차원이 아니었습니다. 노동의 본질, 사회복지의 의미처럼 긴 호흡이 필요한 질문이었습니다. 더욱이 지식 차원의 궁금증이 아닌 간절한 마음이 담긴 질문이었습니다. 문맥에 담긴 사회복지사님의 마음까지 더해서 문장을 보충하면 이렇습니다.

'저는 이곳에서 배우고 만나고 경험한 사회복지가 보람되고 좋아요. 그런데 이것을 계속하려면 어떻게 해야 하죠? 주위를 보면 계속하지

못하는 경우가 더 많은 것 같아서요. 저는 이런 사회복지를 계속하고 싶거든요'

정보와 사례를 요청하거나 기술적 문제해결 방법을 묻는 말에는 준비된 말과 글을 풀어냅니다. 그리 어렵지 않습니다. 모든 것을 알고 있어서가 아닙니다. 어차피 저의 정보는 제한적이고 알고 있는 것을 풀어내는 것까지가 저의 몫이기 때문입니다. 그런데 사회복지사님의 질문에는 바로 답변드리기가 어려웠습니다. 아니 조심스럽다는 말이 더 정확합니다. 꼭 도움이 되고 싶다는 마음이 간절했기 때문입니다. 3년 차의 지금, 이 마음이 오래오래 이어지기를, 변하더라도 퇴색하는 게 아니라 더 진실하고 성숙해지기를 바라는 마음이 가득해서입니다. 사회복지사님께 못다 한 말을 정리해서, 비슷한 질문을 가진 또 다른 사회복지사님들을 위해서 다시 몇 자 적어 봅니다.

생존의 시대가 있었습니다. 유일무이한 가치입니다. 죽음의 위험 앞에서, 앞으로 어떻게 가치 있는 삶을 사느냐는 질문은 엉뚱합니다. 폭우로 계곡이 범람하면 피하는 게 상책이고 우선 살아야 합니다. 우리 윗세대가 그랬습니다. 사느냐 죽느냐의 시대였습니다. 일하지 않으면 나와 가족이 굶었습니다. 동대문 평화시장의 전태일 열사가 그랬습니다. 아니 이름 모를 수많은 전태일이 우리 윗세대입니다. 휴가가 어디 있습니까? 근로기준법은 유명무실합니다. 새벽부터 밤까지 일하고 주말에도 일했습니다. 복지라는 단어 자체가 없는 시대입니다. 당연히 '사회복지를 계속하려면 어떻게 하면 되죠?'라는 질문이 나올 리 없습니다. 오히려 이런 질문이 맞습니다. '굶지 않으려

면 어떻게 하면 되죠?'

다음으로 사명의 시대가 있었습니다. 생존이 완전히 보장된 건 아니지만 당장의 굶주림은 해결되었습니다. 조금 여유가 생기니 주위를 둘러보게 됩니다. 경주마처럼 앞만 보고 달리다가 주위를 둘러보니 불합리한 것들이 보입니다. 나와 우리 가족만의 문제라고 생각했는데 아닙니다. 옆집에도 앞집에도 똑같은 문제가 있습니다. 사회구조적 문제가 보입니다. 빤히 보이는 문제를 외면할 수 없습니다. 소수만 누리는 불합리한 사회 구조를 바꾸기 위한 민주화 투쟁에 피 흘렸던 이유입니다. 민주화는 혼자서 이룰 수 없습니다. 수많은 시민과 대학생이 거리로 나와서 외쳤습니다. 함께 더 좋은 사회를 만들기 위한 외침이었습니다. 더 좋은 사회를 만들겠다는 사명이 지배하는 시대였습니다.

지금은 의미의 시대입니다. 어떤 의미냐가 중요합니다. 사명의 시대에도 의미를 찾았습니다. 그러나 중요한 차이점이 있습니다. 사명의 시대는 집단이고 의미의 시대는 개인입니다. 평생직장이 사라진 데는 노동시장의 변화만이 원인은 아닙니다. 내게 의미가 없다면 바늘구멍을 뚫고 들어간 대기업도 그만둡니다. 우리 회사를 위해서, 우리 조직을 위해서처럼 '우리'라는 단어가 이제 지위를 잃었습니다. 좀처럼 힘을 발휘하지 못합니다. 우리를 위한 '사명'이 나를 위한 '의미'로 철저하게 전환되었습니다. 지금은 그 이행기에 있습니다. 우리의 사명을 외치는 윗세대와 개인의 의미를 중시하는 젊은 세대가 한 조직안에서 공존합니다. 갈등이 없는 게 이상합니다. 분명한 것은 지금은 핵개인화된 사람들의 의미가 지배하는 시대라는 사실입니다.

사회복지 앞에는 '사회'가 붙어 있습니다. 사회가 변하면 사회복지도 달라집니다. 생존의 시대와 사명의 시대가 추구하는 복지는 다릅니다. 관장님과 부장님은 생존과 사명의 시대를 경험했습니다. 함께 생존해야 하는 절체절명의 과제가 있었습니다. 무엇으로 대신하지 못하는 사명이 있었습니다. 그 열악한 환경과 월급에서도 지역 현장을 누볐습니다. 복지관에서 잠을 자고 다음 날 일을 했다는 무용담은 꾸며낸 이야기가 아닙니다. 어떤 때는 종교인의 헌신과도 같은 모습이었습니다. 아니 사회복지의 굳은 사명이 종교의 그것과 다르지 않았는지도 모릅니다. 그러나 시대가 달라졌습니다. 생존과 사명의 시대에서 의미의 시대가 되었습니다. 그래서 '사회복지를 계속하려면 어떻게 해야 하느냐'는 사회복지사님의 질문 앞에는 '의미의 시대'에서라는 전제가 붙어야 합니다. 의미의 시대에 사회복지를 계속하려면 어떻게 해야 할까요?

첫째, 무엇보다 균형이 중요합니다. 한쪽으로 쏠리면 의미가 사라지고 극단적 이념만 남습니다. 진보와 보수는 나름의 건강한 이념을 담고 있습니다. 무엇이 더 옳다고 말할 수 없습니다. 낮이 있어야 밤이 있는 것처럼, 진보가 있어야 보수가 있고 보수가 건강해야 진보도 바른 길을 갑니다. 문제는 극단적 진보와 보수에서 발생합니다. 바르게 세상을 다스린다는 정치의 의미는 사라지고 서로 헐뜯고 죽이기 위한 극단적 이념만 활개칩니다. 정치만이 아닙니다. 세상 모든 일에는 균형이 중요합니다.

일과 삶의 균형도 마찬가지입니다. 일을 위한 쉼, 쉼을 위한 일로 좁게 해석하지 말고 균형을 생각해야 합니다. 균형은 곧 공존입니다. 엄마와 아이의 공존을 생각하면 쉽습니다. 아이가 없으면 엄마의 삶이 힘들어지는 게 아닙니다. 엄마의 삶도 아이의 상실과 함께 사라집니다. 떨어질 수 없는 강한 결속의 상호 의존이 균형입니다. 일을 위해서 내 삶을 희생해서는 안 됩니다. 반대로 내 삶을 위해서 일을 수단으로 만들어서도 안 됩니다. 구체적으로는 시간 안배가 중요합니다. 안 그래도 복지관에서 시간을 많이 보내는데 야근하고 일과 연결된 고민이 퇴근 후에도 이어진다면 균형을 잃은 겁니다. 일과 여가, 조직과 나, 열정과 쉼의 균형이 있어야 합니다.

둘째, 마음의 힘을 길러야 합니다. 생존과 사명과 의미의 시대를 말했습니다. 비유하면 생존은 몸의 영역입니다. 사명은 머리이고 의미는 마음입니다. 지금 필요한 건 체력과 지력에 더해서 마음의 힘이 필요한 시대입니다. 갈수록 정신적 아픔을 겪는 사람들이 많아집니다. 우울증은 한 번쯤 겪는 감기처럼 여겨지기도 합니다. 이전에 없던 우울과 공황이 한꺼번에 몰려온 게 아닙니다. 사회가 변해서 그렇습니다.

몸의 시대에는 몸이 아프고 마음의 시대에는 마음이 아픈 법입니다. 몸을 위한 투자를 아끼지 않는 시대입니다. 제법 비용이 드는 PT, 필라테스, 요가의 전성기라고 해도 과언이 아닙니다. 마음에도 투자해야 합니다. 소중한 것일수록 눈에 보이지 않습니다. 그래서 소홀하게 됩니다. 마음의 시대에 마음이 아프면 아무것도 할 수가 없습니다. 서양의 경전인 성경에는 생명이 마음에서 나오니 마음을 지키라고 합니다. 동양의 성리학은 마음을 워낙에 강조해서 마음 심을 써서 심학이라고 부르기까지 합니다. 동서양의 경전이 똑같이 말합니다. 마음이 중요하다고요. 마음을 공부해야 합니다. 마음의 소리를 듣고 마음을 알아주고 마음 근육을 길러야 마음의 시대에 사회복지를 지속할 수 있습니다.

셋째, 시선을 확장해야 합니다. 우물 안 개구리란 말이 있습니다. 이제는 다릅니다. 우물 안에서도 스마트폰으로 세상 돌아가는 일을 빠짐없이 알 수 있습니다. 그래도 우물 안은 한계가 있습니다. 세상을 알 수는 있어도 경험하지는 못하기 때문입니다. 내 감각이 세상의 전부가 됩니다. 시선의 확장은 눈으로 보는 정보만으로는 한계가 있습니다. 직접 경험하는 것만 한 시선 확장법도 없습니다. 쌀국수의 유래와 종류에 대한 정보를 아무리 많이 얻어도 정성 다한 쌀국수 한 그릇을 먹는 것만 못합니다. 진짜로 맛있는 쌀국수를 한 그릇 먹고 나면 쌀국수를 보는 시선이 달라집니다.

내가 속한 복지관의 경험만으로는 부족합니다. 교육으로도 한계가 있습니다. 지역에 나가서 직접 경험해야 합니다. 다른 기관 실무자와 이야기를 나눠야 합니다. 시선이 좁아지면 지금 내가 맡고 있는 과업이 사회복지의 전부가 됩니다. 우리 기관의 리더십이 사회복지계 전체를 대변하게 됩니다. 세상에는 참 다양한 사람이 사는 것처럼 복지관마다 다른 리더십과 조직문화가 있습니다. 우리 기관의 경험으로 사회복지 전체를 평가해서는 안 됩니다. 시선을 넓히면 사회복지를 계속할 이유가 보입니다.

넷째, 표현해야 합니다. 주위 환경보다 더 큰 문제는 아무 말도 하지 못하는 내 자신일지도 모릅니다. 아픈데 아프다고 말하지 못하면 몸만 상합니다. 말하지 않아도 아픔을 알아주기를 바라면 안 됩니다. 절대로 모릅니다. 가족도 말하지 않으면 모르는 법입니다. 사회복지를 계속할 수 있는 가장 좋은 방법은 환경이 그렇게 되는 것입니다. 문제는 환경이 우리 뜻대로 움직여지지 않는다는 사실입니다. 오히려 우리 뜻과 반대인 때가 더 많은 듯합니다. 다행인 것은 어느 환경이든지 영원하지 않습니다. 좋은 일만 계속되지 않습니다. 마찬가지로 나쁜 일이 연거푸 몰아칠 수는 있어도 영원히 계속되지는 않습니다.

지금 환경이 좋다면 문제가 없겠지만 그렇지 않다면 견디는 전략이라도 있어야 합니다. 견디는 전략의 으뜸은 표현입니다. 회사에서 어려운 일이 있을 때 동료와 뒷담화만 한 스트레스 해소도 없습니다. 그렇다고 매번 동료를 불러내어 뒷담화할 수는 없습니다. 동료가 어렵다면 자신에게라도 말해야 합니다. 일기장과 비공개 SNS와 블로그에 글을 쓰는 방법도 있습니다. 표현하지 않고 고민만 하거나 어려움을 끌어안고 있으면 몸과 마음이 무거워집니다. 그러면 멀리 가지 못하고 결국 주저앉게 됩니다. 표현으로 짐을 덜어내서 마음의 가방을 가볍게 해야 오래 걸을 수 있습니다.

균형을 잡고, 마음의 힘을 기르고, 시선을 확장하고, 표현하면 좋겠다고 쓴 글을 다시 읽어보니 어느 것 하나 만만하지 않습니다. 사회복지를 계속하고 싶은 분들을 위해 도움이 되고 싶어서 글을 시작했는데 이러면 아무 도움이 되지 않을 것 같은 걱정이 앞섭니다. 그날도 말하면서 아쉬웠는데 글로 정리해도 비슷한 마음이 듭니다. 하지만 글을 더 잇는다고 달라지지는 않을 것 같습니다. 여기까지가 저의 한계인가 봅니다. 그날 사회복지사님께 드렸던 말로 글을 맺어야겠습니다.

"고민이 귀합니다. 당장에 답을 찾을 수는 없어도 이런 질문을 놓치지 않는 게 중요합니다. 진짜 문제는 이런 고민마저 들지 않을 때부터 시작됩니다. 고민이 된다는 것은 애정이 있다는 말입니다. 사랑의 반대가 증오가 아니라 무관심인 것처럼 말입니다. 이런 고민과 질문을 놓치지 않으면 좋겠습니다. 그러면 분명 제가 드리지 못하는 해답의 실마리를 찾게 됩니다. 사회복지를 계속하려면 어떻게 해야 하느냐고 묻는 다른 사람들에게 사회복지사님만의 경험을 전해 줄 수 있습니다. 사회복지는 그렇게 고민을 자기 경험으로 채워가는 사람들로 이어집니다"

#의미_있는_일을_지속하려면
#시선의_확장
#일과_삶의_균형
#마음의_근육_기르기
#솔직하게_표현하기

실천 과제 예시

1. 균형잡기
□ 칼퇴하기
□ 야근 줄이기
□ 저녁과 주말 활동 계획하기

2. 마음의 힘 기르기
□ 감정 일기 쓰기
□ 지나친 배려심 줄이기
□ 좋아하는 소소한 일 찾기

3. 시선 확장하기
□ 다른 기관 실무자 만나기
□ 외부 교육과 모임 적극 참여하기
□ 독서량 늘리기

4. 표현하기
□ 가까운 사람에게 솔직하게 말하기
□ 비공개로 솔직한 글쓰기
□ 자신에게 맞는 표현법 찾기

🖊 글로새김

Q1. 삶의 균형이 잡혀 있나요?

없어서 문제가 되는 시대가 아니에요. 무엇인가 과하거나 불균형할 때 문제가 심각해져요. 삶도 균형인데 부족한 것을 채울 생각만 하죠. 균형을 생각해 보세요.

Q2. 좁은 시선으로 판단하지는 않나요?

시선이 좁으면 자신만 힘들다고 생각해요. 자신의 문제만 보이고요. 옆을 보지 못하고 앞만 보고 달리는 경주마가 돼요. 그런 상태에서 판단하면 한계가 있어요.

Q3. 자신의 마음을 알고 표현하나요?

가장 알기 어려운 게 사람 마음이에요. 그만큼 중요해서 그래요. 중요한 건 쉽게 얻어지지 않아요. 자신의 마음을 얼마나 알고 표현하는지 생각해 보세요.

우리가 원하는 것을 주민도 원하는가?

어느 복지관 지역 조직팀 주민 교육이 개판이 되었습니다. 교육에 참여한 주민들 사이에 갈등이 있었거나 교육 프로그램에 문제가 있었다는 말이 아닙니다. 들어 보시면 압니다.

사례를 요약하면, 복지관 옆에 단일 단지로는 단군 이래 최대 규모인 9,500세대의 아파트가 들어서면서 시작된 복지관 지역 조직팀의 분투기입니다. 우여곡절 끝에 지역 조직팀은 지역에 침투할 수 있는 한 문장을 찾아냈습니다. '오후 2시에 반려견과 산책하는 50대 주부'. 조직팀은 바로 실행에 들어가 산책 중인 주민을 만나 무엇이 필요한지를 물었습니다. 그렇게 나온 첫 번째 결과물이 반려견 마사지 프로그램입니다. 첫 모임으로 반려견 여섯 가정이 모였습니다. 반려견 마사지 프로그램은 반려견이 주인공인 것을 제외하면 지금까지 복지관에서 진행한 프로그램과 크게 다르지 않아 보입니다. 그러나 자세히 들여다보면 분명한 차별점이 있습니다. 새로운 변화는 작은 차이에서 시작되는 법입니다.

첫째, 주민의 실질적인 필요에 반응했습니다. 우리는 주민에게 먼저 묻고 듣고 그들의 필요에 반응해야 한다고 배웠습니다. 하지만 실제로는 그렇게 하지 못했습니다. 찾아오지도 않은 주민을 찾아가기도 어려웠고, 사업을 위해 필요할 때만 물었습니다. 물음조차도 지나치게 거창했습니다. 우리 지역사회를 위해 무엇이 필요한지, 어떤 문제가 있는지 묻곤 했습니다. 정작 우리도 자주 생각하지 않는 질문을 주민에게 한 셈입니다. 그러니 돌아오는 답도 영혼 없는 멋진 말이나 막연한 요구사항뿐이었습니다.

복지관 지역 조직팀은 달랐습니다. 철저하게 주민의 입장에서 생각하고, 주민을 관찰했습니다. 지역복지라는 색안경을 벗으니, 이곳저곳에서 반려견과 산책하는 주민들이 눈에 들어왔습니다. 부모가 아이에게 집중하듯, 반려견을 키우는 가정은 반려견을 아낍니다. 상대방이 좋아하는 것으로 관계를 시작해야 하는 법입니다. 처음 만난 이성이 무엇을 좋아하는지 궁금해하는 것도 같은 이유입니다. 우리는 그동안 너무 거시적이고, 이타적이며, 복지적인 관점으로만 주민을 대했습니다. 그래서 관계 맺기가 어려웠고, 주민들의 실질적인 필요에 반응하지 못했습니다.

둘째, 주민의 필요를 채우는 것으로 시작했습니다. 문제와 욕구를 파악했다면, 그것을 해결하거나 채우는 행동이 반드시 뒤따라야 합니다. 그렇지 않으면 관계는 깊어지기 어렵고, 다시 만날 기회도 사라질 수 있습니다. '받고 주고'라는 표현보다는 '주고받고'라는 말이 자연스럽습니다. 어법뿐 아니라 관계에서도 '주고받고'가 맞는 방향입니다. 관계는 쌍방향이지만, 반드시 동시에 이뤄지지는 않습니다. 누군가는 먼저 줘야 관계가 열립니다. 그게 마음이든, 물건이든, 말이든 말입니다.

그러나 사회복지 현장은 '주고받고'보다는 '받고 주고'에 익숙합니다. 자원이 절대적으로 부족했던 환경에서 시작된 실천 방식이 습관이 되었습니다. 보조금과 후원금을 먼저 받은 뒤 전달하거나, 후원물품을 받아서 나눠주는 방식이 반복되어 왔습니다. 결국 '받고 주고'가 일상화된 셈입니다.

복지관 지역 조직팀은 달랐습니다. 주민의 일상적 필요에 민감하게 반응했을 뿐 아니라, '반려견 마사지'라는 선물로 먼저 다가갔습니다. 거래처럼 받기 위해 준 게 아니지만, 먼저 주었기에 언젠가는 돌아오는 것이 당연한 이치입니다. 먼저 주는 것으로 도움이 되는 관계가 되었고, 주민은 복지관을 이전과는 다른 시선으로 보게 되었습니다. 복지관에 대한 인식 개선과 지역사회 확장은 이런 작은 경험으로 이뤄집니다. 단순한 홍보나 캠페인으로는 어렵습니다.

셋째, 관심사를 공유하는 공동체가 만들어졌습니다. 서울시의 찾아가는 동주민센터 사업이나, 서울복지재단의 마을지향복지관 사업, 지역밀착 복지관 사업처럼, 다양한 정책들이 주민 모임과 자조 모임 형성을 독려해 왔습니다. 복지관 안에도 여러 형태의 주민 모임이 존재합니다. 그러나 모임의 형태가 어떻든 공통된 고민이 하나 있습니다. '어떻게 하면 주민 모임의 자발성을 높이고 지속 가능하게 만들 수 있을까?'라는 질문입니다. 이런 질문에 대한 답은 명확합니다. 시작부터 자발적인 모임으로 출발해야 합니다. 이미 만들어진 비자발적 모임을 자발적으로 전환하는 것은 매우 어렵습니다. 관심사가 중심이 되면 자연스럽게 자발성이 생깁니다. 관심사 기반의 자발적 모임은 재밌고 오래갑니다. 그토록 바라는 자발적 참여와 지속성의 해답이 여기에 있습니다.

누군가는 지역조직팀의 반려견 마사지 교육을 보며 "우리가 저런 교육까지 해야 하느냐?"라고 물을지도 모릅니다. 하지만 반려견 마사지는 수단이고 과정입니다. 진짜 목적은 주민들이 공동의 관심사로 만나서 관계를 맺고, 그들 스스로 다음 단계를 만들어가도록 하는 데 있습니다. 반려견이라는 공통 주제로 모인 주민들 사이에는 아이스브레이킹이 필요 없습니다. 관계 맺기 워크숍도 필요 없습니다. 이미 반려견이라는 공통의 관심사가 관계의 문을 열었기 때문입니다.

지역조직팀의 반려견 마사지 프로그램은 지역사회에 찍은 작은 점 하나와 같습니다. 9,500세대 중 반려견 여섯 가정의 만남은 수치로 보면 0.06%에 불과합니다. 그러나 주민의 필요에서 시작해 점 하나를 찍었다는 사실이 중요합니다. 점과 점이 이어져 선이 되고, 선이 모여 면이 되듯이 말입니다. 처음부터 주민공동체와 지역복지가 이뤄지는 큰 공간이 생기지 않습니다. 빅뱅처럼, 시작은 아주 작은 점 하나입니다. 그래서 반려견 프로그램은 작지만 새로운 지역복지를 만들어가는 시작점입니다.

#주민의_관점에서

#작은_차이에서_시작되는_변화

#관심사로_잇는_공동체

#점이_만나_선이_되고

#선이_연결되어_면이_된다

글로새김

Q1. 주민의 필요를 묻지 않고 예측하지는 않나요?

한 사람의 인생만 살 수 있는 모든 사람은 편협해요. 자신이 편협하지 않다고 말하는 사람이 가장 위험해요. 편협함을 인정하면 물어보고 인정하지 않으면 안다고 생각해서 예측해요.

Q2. 우리의 필요와 주민의 필요, 무엇이 먼저인가요?

주민의 필요가 먼저라는 생각만 옳은 건 아니에요. 상황에 따라서 달라지겠죠. 현재를 자세히 살피고 솔직하게 표현하는 게 중요해요. 철저한 현실 인식이 시작이에요.

Q3. 지역의 문제만 찾고 있지는 않나요?

문제를 찾는 렌즈를 끼면 문제만 보여요. 그러면 문제 지역과 문제 주민만 남아요. 그것을 해결할 자원과 힘도 없으면서 찾기만 하죠. 지금 어떤 렌즈로 보고 있는지 점검해 보세요.

주민역량 강화에서 주민에게 배우기로

주민역량 강화는 좋은 의미로 쓰는 단어입니다. 그러나 조금만 시선을 틀면 다른 면이 보입니다. 역량을 강화한다는 말은 부족한 역량을 더하거나 있는 역량을 더 강하게 한다는 뜻입니다. 결국 역량이 더 필요하다는 말입니다. 과연 그럴까요? 지금 주민이 가진 역량으로는 부족할까요?

김지혜 교수의 '선량한 차별주의자'라는 책이 있습니다. 나도 모르게 무심코 뱉었던 말과 평소에 습관적으로 했던 행동이 누군가를 차별할 수 있다는 뜻입니다. 나쁜 의도가 없는 선량한 말과 행동이었지만 결과적으로는 차별이 되었습니다. 주민역량 강화도 선량한 차별주의가 될 수 있습니다. 절대로 나쁜 뜻은 없습니다. 주민과 지역사회를 위한 일입니다. 하지만 선한 의도만으로는 안 됩니다. 결과에도 책임을 져야 합니다.

역량이란 단어도 다시 한번 생각해 봐야 합니다. 역량이란 단어에는 힘의 논리, 자본의 논리가 숨어 있습니다. 더 소유하고 더 열심히 살라고 부추깁니다. 멈추면 안 된다고 말합니다. 그래야 무한 증식해야 하는 자본주의가 유지됩니다. 힘과 자본의 논리에서 소외된 사람을 보살피고 지친 사람을 위로해야 하는 복지마저 힘의 논리를 반복하는 것은 아닌지 심각하게 생각해 봐야 합니다.

지금을 긍정해야 미래가 있습니다. 지금 주민의 삶을 긍정하면 좋겠습니다. 모진 삶을 견뎌낸, 지금도 살아내고 있는 주민 한 사람의 삶에서 배우면 좋겠습니다. 어쩌면 진짜 필요한 역량 강화는 주민 역량 강화가 아니라 주민을 대하는 우리의 실천 역량인지도 모릅니다. 그래서 단어를 바꾸면 좋겠습니다. 주민역량 강화가 아닌 주민의 삶을 지지하는 것으로요. 주민을 가르치지 말고 주민에게 배우는 겁니다. 주민에게 방향을 제시하지 않고 주민의 걸음을 뒤따르는 일입니다.

지난 반세기 한국이 이뤄낸 양적 성장은 세계 역사에 없는 일입니다. 우리가 만나는 주민은 그런 인류사의 족적을 남긴 사람들입니다. 모든 것에는 빛과 그림자가 있습니다. 모든 것을 희생해서 이룬

양적 성장의 그림자가 지금 짙게 드리우고 있습니다. 인간성을 잃고 공동체가 사라지고 가장 귀한 생명마저 버리는 일이 일어납니다. 우리가 할 일은 그런 사람들에게 더 열심히 살라고, 다른 사람을 위해서 시간을 내라고, 공동체를 위해서 희생하라고 말할 게 아닙니다. 아니 그래서는 안 됩니다. 언어가 폭력이 될 때가 있습니다.

말없이 손을 잡아 드리면 됩니다. 실천보다 마음이 먼저입니다. 마음의 눈이 열리면 다르게 보입니다. 주민이 교육의 대상이 아닌 배워야 할 사람으로 보입니다. 부족한 게 아니라 충분한 것을 알게 됩니다. 그러면 주민은 역량 강화의 대상이 아닌 배움의 대상, 지지와 격려의 주체가 됩니다. 그렇게 주민을 가르치지 않고 주민에게 배우는 사람이 성숙한 사회복지사입니다. 주민교육의 주제로 고민하지 말고 주민의 삶을 긍정하고 주민에게 배우면 좋겠습니다. 주민조직 전에 주민존중이 먼저입니다.

#주민에게_배우다

#주민의_삶을_지지하기

#선량한_차별주의를_넘어서

#실천의_태도를_바꾸기

#있는_그대로_충분하다

✎ 글로새김

Q1. 주민역량 강화를 무심코 남발하지는 않았나요?

언어의 힘은 생각 이상으로 강해요. 무심코 사용하는 단어가 생각이 되고 습관이 되죠. 주민역량 강화도 그렇게 사용하지 않았는지 점검해 보세요.

Q2. 주민에게 무엇을 배우고 있나요?

누군가를 존중하면 배우려고 하죠. 주민을 존중한다고 말하면서 배우지 않고 배웠던 기억이 없다면 말만 그랬던 거예요. 주민에게 배우는 사람이 주민을 존중하는 사람이에요.

Q3. 주민을 조직하는 사람인가요? 존중하는 사람인가요?

존중과 조직. 너무 다른 어감이죠. 어감만 다른 게 아니라 단어 속에 담긴 의미는 큰 차이가 있어요. 그래서 물어야 해요.

상담보다 인터뷰

복지 현장의 리더는 상담을 잘합니다. 상담의 시대에 상담을 많이 경험해서 그렇습니다. MBTI, 애니어그램, 미술치료, 음악치료, 놀이치료, 모래치료, 독서치료. 상담의 전성시대였다고 해도 과언이 아닙니다. 그래서인지 슈퍼비전도 상담처럼 진행되곤 했습니다. 상담이 필요했고 상담이 효과 있던 시대여서 그렇습니다. 그러나 지금도 그럴까요?

최근 방송을 보면 지나치다 싶을 정도로 많은 상담 프로그램이 방영됩니다. 육아에서, 진로, 연예와 부부관계까지 주제와 영역도 다양합니다. 그 많은 상담 프로그램에서 모든 사람의 문제가 해결되면 더할 나위 없이 좋겠지만 실제는 그렇지 못합니다. 상담은 한자로 서로라는 뜻의 상(相)자에, 이야기라는 뜻의 담(談)이 합해진 말입니다. 한자를 직역하면 '서로 마주 보며 이야기한다' 정도의 뜻입니다. 의외로 치료적 느낌도, 병원에 가야 할 것 같은 느낌도 전혀 나지 않습니다. 그저 서로 마주 보며 이야기한다는 정도의 말입니다.

똑똑 도서관 김승수 관장님은 말합니다. 상담보다 대화가 더 중요하다고요. 상담의 본래 뜻은 그렇지 않은데 실제로는 치료하고 해결해야 한다는 전제가 깔려 있습니다. 결국 치료를 하는 사람과 받는 사람, 문제가 있는 사람과 해결을 돕는 사람으로 구분됩니다. 아무리 애를 써도 이 구조는 바뀌지 않습니다. 수평적 관계는 어렵다는 말입니다. 관계는 위계질서가 아닌 자연스럽고 수평적일 때 생깁니다. 김승수 관장님이 대화가 필요하다고 말하는 이유입니다. 상담보다 대화가 수평적이기 때문입니다.

그러나 사회복지 현장에서 대화만 할 수 없지 않냐는 볼멘소리가 들리는 듯합니다. 그래서 인터뷰를 제안합니다. 인터뷰는 특정한 목적을 가지고 개인이나 집단을 만나 정보를 수집하고 이야기를 나누는 일을 말합니다. 김승수 관장님이 말한 대화에 더하여 정보 수집의 목적이 있습니다. 상담도 정보를 수집하지만, 인터뷰가 보다 수평적 관계입니다. 기자가 배우를 인터뷰하듯이 오히려 인터뷰를 받는 사람의 위치가 높습니다.

그동안 상담으로 정보를 얻었다면 이제는 인터뷰를 했으면 좋겠습니다. 뭔가를 해줄 것처럼 정보를 얻지 말고 전문가에게 깊고 특별한 정보를 얻듯이 말입니다. 지역에서 만나는 사람은 사실 모두가 그런 사람들입니다. 누구도 살아보지 못한 한 사람의 인생을 살아냈습니다. 세포 마디마디에 살아있는 수많은 정보를 가지고 있습니다. 현장에 상담 전문가, 문서 작성 전문가는 많습니다. 이제 인터뷰 전문가가 많아지면 좋겠습니다. 설문지를 200명에게 돌려서 얻어낸 욕구 조사 결과보다 한 사람의 인터뷰에서 더 살아있는 많은 정보를 얻을 수 있습니다. 주민 10명과의 그룹인터뷰에서 그동안 생각하지 못한 실천의 방향을 찾을 수 있습니다.

인터뷰에도 기본기가 있습니다. 김승수 관장님이 말한 대화력입니다. 상담과 구별하기 위해서 인터뷰라는 단어를 사용했지만, 현장에 필요한 인터뷰는 조금 다릅니다. 기자가 기사 작성의 수단으로 정보를 얻기 위해 인터뷰를 한다면 우리는 거기에 관계를 더해야 합니다. 그래서 현장의 인터뷰는 상담과 김승수 관장님이 말한 자유롭고 열린 대화 사이에 있습니다. 인터뷰는 대화로 가는 징검다리입니다. 주민을 상담한다면 무엇인가 후속 작업이 이어져야 할 것 같습니다. 자원을 투입하고 힘을 써서 문제를 해결하는 과정의 하나로 생각됩니다. 그러나 주민을 인터뷰한다면 조금 더 가볍고 유연하게 들립니다. 도움을 준다는 생각이 들지 않습니다. 오히려 요청한다는 느낌마저 듭니다. 주민을 대하는 시선이 달라집니다.

지역복지 실천 기법으로 '물기요'를 강조하곤 했습니다. 물어보고 기록하고 요청한다는 말의 앞 글자로 만든 말입니다. 물어보고 기록하는 게 인터뷰입니다. 그렇게 얻어낸 정보로 사업계획서를 만드는 게 아니라 자신의 경험을 더해서 다시 주민에게 이렇게 해보는 것은 어떠냐고 제안(요청)하는 방법입니다. 현장에 답이 있다고 말합니다. 정확히 말하면 숨겨진 답이 있습니다. 숨겨진 답을 캐내는 노력이 필요합니다. 인터뷰라는 도구로 현장에 숨겨진 답을 찾으면 좋겠습니다. 구글과 네이버, 챗지피티로 알 수 없는 살아있는 정보가 있습니다. 인터뷰 시간만큼 관계가 깊어지는 건 덤입니다.

#대화가_필요하다

#인터뷰는_삶의_기록

#물기요_실천

#관계의_징검다리_인터뷰

#주민에게_배우는_복지

글로새김

Q1. 주민과 친밀한 대화가 가능한가요?

조사, 상담, 인터뷰, 대화는 비슷한 듯 달라요. 뒤로 갈수록 친밀해지죠. 우리는 일을 처리해야 하지만 주민은 친밀함이 중요해요. 그런데 친밀할수록 조사, 상담, 인터뷰도 잘 돼요.

Q2. 물어보고 기록하고 요청한 경험이 있나요?

계획하고 실행하고 평가하는 방법이 익숙하죠. 계획 전에 물어보고 기록하고 요청해도 늦지 않아요. 그런 경험이 많을수록 시대가 원하는 실천에 가까워져요.

Q3. 누군가 여러분을 상담하고 조사만 한다면 어떤 기분이 들까요?

성숙한 사람은 상대방의 입장에서 생각해요. 상담받는 심지어 조사받는다고 느껴지는 주민 입장에서 생각하면 깨달아져요. 깨달아야 제대로 실천할 수 있어요.

지역과 주민은 솔직한 사회복지사를 원한다

한국의 노년 세대는 세계사에 유례없는 변화를 몸소 겪은 세대입니다. 나라를 빼앗기는 경험과 같은 민족끼리 죽고 죽이는 전쟁을 겪었습니다. 이것만으로도 참혹한데, 전쟁이 끝이 아니었습니다. 이후로도 이념 싸움으로 피를 흘려야 했고, 어렵게 얻은 자유를 군사독재 정권에 빼앗겼습니다. 이러한 비극의 현대사 속에서도 '한강의 기적'이라는, 세계사에 유례가 없는 단기간의 성장을 이뤄냈습니다. 원조를 받던 나라에서 전 세계인이 사용하는 반도체와 TV를 만드는 나라가 되었습니다. 다른 무엇으로도 설명할 수 없는, 윗세대의 인내가 만들어낸 결과입니다. 허리띠를 졸라매고 피땀 흘린 대가입니다.

그러나 모든 빛나는 것에는 그림자가 따릅니다. 인내로 얻은 성장이 빛이라면, 그 뒤에는 자신을 잃고 가족과 국가만 남은 그림자가 있습니다. 자신을 먼저 걱정해야 하는데 국가를 걱정하고, 자신의 처지를 살펴야 하는데 사회를 먼저 염려합니다. 본인의 지갑이 비었는데도 정부의 재정을 걱정합니다. 나보다 남을 먼저 생각하는 공동체성으로 볼 수도 있지만, 나를 잃어버리고 국가와 자신을 동일시하게 된 결과일지도 모릅니다. 자신을 챙기는 법을 잃어버렸습니다. 이러한 윗세대의 그림자를 우리가 답습하고 있는지도 모릅니다. 윗세대가 가족과 사회, 국가의 발전에 인생을 바치면서 자신을 잃어버린 것처럼, 우리도 지역사회와 주민 중심의 사고에 빠져 우리 자신을 잃은 것은 아닌지 되돌아보게 됩니다.

변화의 주체는 사람입니다. 변화를 논의할 때마다 환경, 제도, 조직과 함께 실무자의 역량이 언급되는 이유입니다. 준비할 역량은 많지만, 하나를 꼽자면 자기 생각과 감정을 정확히 전달하는 '표현력'입니다. 배우 윤여정 씨가 생각납니다. 아카데미 수상으로 확인된 연기력에 더불어 윤여정 배우의 말은 화면 밖에서도 공감을 불러 일으킵니다. 그녀의 말은 솔직합니다. 국경과 세대를 넘어 감동과 웃음을 주는 이유입니다. 표현의 힘은 결국 솔직함에서 나옵니다.

사회복지 현장에서 우리가 잃어버린 능력이 바로 '솔직한 표현력'입니다. 프로그램화된 복지서비스, 관용적 표현이 넘치는 행정문서가 큰 영향을 미쳤겠지만, 그렇다 해도 문제는 문제입니다. 쉽고 솔직한 표현을 오히려 어려워하는 이상한 현상이 벌어지고 있습니다. '나눔 문화 확산', '지역공동체 확대', '지역복지 시스템 구축', '주민 관계망 형성' 관용어가 난무하는 현실에서는 솔직한 자기표현을 하기 어렵습니다.

생각이 언어로 표현되지만, 반대로 표현된 언어에 생각이 지배받기도 합니다. 지역사회와 주민이 강조되고, 헌신과 비전, 사명이 남발되면서 우리는 '나'를 잃어버렸습니다. 윗세대 어머니는 무엇을 드시고 싶냐고 물으면 '나는 괜찮다'며 너희들 먹고 싶은 걸 먹으라고 하십니다. 그런 말이 반복되면 어느 순간부터 '엄마는 아무거나 괜찮은 사람'이 됩니다. 우리 역시 '괜찮지 않아도 괜찮아야만 했던' 존재가 되어버린 건 아닐까요?

어떤 사람과 친구가 되고 싶냐는 질문에 많은 사람들이 '솔직한 사람'을 꼽습니다. 반대로 피하고 싶은 사람으로는 '겉과 속이 다른 사람'을 말합니다. 심지어 그런 사람에게는 '배신자'라는 낙인도 찍습니다. 우리가 주민과의 관계를 깊게 맺지 못하고 가까이 지내기 어려운 이유인지도 모릅니다. 자기 생각과 감정을 솔직하게 표현하지 못하기 때문입니다. 말하지 않고 듣기만 해서 그렇습니다.

얼마 전 한 기관의 채용 면접에 심사위원으로 참여한 적이 있습니다. 센터장이 한 지원자에게 "5년 후의 비전이 무엇인가요?"라고 물었습니다. 이런 질문엔 흔히 성장과 발전을 담은 모범답안이 나오기 마련입니다. 그런데 한 청년은 잠깐 생각하더니 이렇게 대답했습니다. "운전면허를 따서 마트에 가려고요. 마트에서 먹고 싶은 음식 재료를 사 와서 집에서 만들어 먹을래요. 여건이 된다면 친구들이 먹고 싶은 음식도 해주고 싶어요" 모범답안과는 한참 거리가 있는 답변이었습니다. 채용 면접에서 나올 법한 이야기인가 싶을 정도였습니다.

그런데 이상하게 마음이 움직이고 공감이 되었습니다. 오히려 그 짧은 시간에 나 자신을 돌아보게 되었습니다. '그래, 5년 후라고 특별한 일이 있겠어. 인생이 그런거잖아' 답변의 내용보다 더 중요한 건 면접자의 솔직한 마음이었습니다.

우리는 지금 누구도 가보지 못한 길을 걷고 있습니다. 관장님과 부장님, 교수님과 외부 전문가가 답을 줄 수 있는 길이 아닙니다. 결국 실무자가 한 걸음씩 실천하며 전진해 나가는 수밖에 없습니다. 혼자가 아니라, 사람들과 함께 말입니다. 과거에는 도움을 주며 확신에 찬 말로 "같이 갑시다"라고 했지만, 이제는 솔직한 말로 동행을 권해야 합니다.

모르면 모른다고 말해야 합니다. 처음 시도하는 일이라 두렵다면 솔직하게 말해야 합니다. 그렇게 솔직하게 자신을 표현하기 위해선 먼저 나를 돌아봐야 합니다. 반성하라는 의미가 아닙니다. 지역과 주민을 향하던 시선을 이제는 나에게도 향해야 합니다. 그래야 내 날 것의 생각과 본연의 감정을 알 수 있습니다. 알아야 표현할 수 있고요.

그렇게 자기 생각과 감정을 정확하고 자유롭게 표현하는 사람에게 사람이 모입니다. 네트워크와 소통은 복잡한 기술이 아닙니다. '모집', '홍보', '주민 조직화'와 같은 관용적 표현과 홍보 기술이 없어도 블랙홀이 모든 것을 끌어들이듯 솔직함은 사람을 모이게 합니다. 그렇게 모인 사람들이 주민 모임이 되고, 자조 모임이 되며, 공동체가 되고, 지역복지가 됩니다. 자기 생각과 감정을 건강하게 표현할 줄 아는 사회복지사가 바로 지역복지의 열쇠입니다.

그렇다면 나는 얼마나 준비되어 있을까요? 좋은 방법이 하나 있습니다. 마트에 가고 싶다고 했던 청년처럼 자신에게 질문을 하는 겁니다. 여러분은 5년 후에 무엇을 하고 싶으신가요? 정말로 '지역공동체 구축'과 '주민이 주체가 되는 지역복지'를 실천하고 싶으신가요? 대답의 내용보다 얼마나 진실되고 솔직한지가 더 중요합니다. '주는 복지'에서 '마음을 움직이는 복지'로 나아가는 길은 반드시 솔직함이라는 다리를 건너야 합니다. 솔직함이 능력입니다.

\#솔직함이_능력이다

\#사람_중심_복지

\#나를_표현하는_힘

\#마음이_움직이는_복지

\#솔직한_동행

✏️ 글로새김

Q1. 솔직하게 생각과 감정을 표현하는 사람인가요?

자신의 감정을 감추고 냉철한 사람이 전문가로 대접받는 시절이 있었어요. 지금은 아니에요. 공감력은 냉철할 때 발휘되지 않아요. 자신을 점검해 보세요.

Q2. 주위에 솔직하게 표현하는 사람이 있나요?

솔직하지 않던 사람이 갑자기 솔직하게 표현하기는 어려워요. 구체적으로 어떻게 해야 할지를 몰라요. 그러면 주위에 건강하게 생각과 감정을 표현하는 사람을 먼저 찾아 보세요.

Q3. 간절하게 하고 싶은 일이 있나요?

어려운 감정을 표현하려고 하지 말고 자신이 하고 싶은 것부터 생각해 보세요. 하고 싶은 일, 좋아하는 것을 표현하지 못하면 다른 감정은 더 어려워요.

1인분 사회복지

성남 모란 시장에서 칼국수를 파는 사장님은 어머니의 뒤를 이어 30년째 노점 장사를 하십니다. 영상에서 사장님의 장사 철학을 듣다가 정신이 번쩍 들었습니다. 노점 장사로 칼국수를 파는 데 무한 리필입니다. 달라는 대로 더 주십니다. 왜 돈을 더 받지 않냐는 질문에 그러면 그건 강매라고 합니다. 1인분은 사람 배 채우는 양이라면서요. 1인분의 놀라운 재정의입니다. 시중에 판매하는 1인분의 양은 공급자가 결정합니다. 사장님의 1인분은 손님이 결정합니다. 똑같은 한 그릇도 완전히 다른 관점입니다.

사장님의 1인분 계산법은 어머니의 가르침에서 시작됐습니다. 어머니께서는 사람 배 채우는 양이 다르니 양이 달라야 한다고 말씀하셨답니다. 그 어머니에 그 아들입니다. 그렇다고 사장님이 양으로만 장사를 하는 건 아닙니다. 사장님은 무엇보다 달라지지 않는 맛이 제일 중요하다고 합니다. 그게 안 되면 그만둬야 한다고 힘주어 말하기까지 합니다. 어머니 칼국수를 먹었던 손님이 지금도 가게를 찾으시며 그때 그 맛이라고 말하는 이유입니다. 품질관리의 중요성은 누구나 알지만 누구나 품질에 집중하는 건 아닙니다. 더욱이 시장 노점에서 1, 2년도 아니고 30여 년간 맛을 유지한다는 건 그냥 되는 게 아닙니다.

과거에 한국의 사회복지는 자원이 열악한 여건에서 공공이 하지 못한 일을 대신했습니다. 시쳇말로 영끌해서 사회복지를 실천했습니다. 박수받을 일이고 자부심을 가져야 합니다. 다만 그때 잘하는 게 지금도 잘하는 건지는 생각해 봐야 합니다. 줄 것은 없고 받을 사람은 많다 보니 사회복지사가 계획해서 주는 방법을 써야 했습니다. 무엇이 얼마나 필요한지 세밀하게 들어볼 여력이 없었습니다. 이런 방식이 오래돼서 사회복지사가 결정하는 게 익숙합니다.

양이 많은 사람에게는 더 주고 양이 적은 사람에게는 덜 주어야 하는데 그동안은 똑같은 양으로 줬습니다. 그게 효율적입니다. 효율이 나쁘다는 말은 아닙니다. 모든 일에는 대가가 있습니다. 효율의 대가는 개별성을 잃는 것입니다. 단체로 음식점에 가서 메뉴를 통일하면 효율적입니다. 그러나 분명 그중에는 단체로 정한 음식을 좋아하지 않거나 심지어 먹지 못하는 사람이 있을 수도 있습니다. 효율은 그런 개별성과 예외를 무시합니다. 효율이란 더 큰 대의를 위해서요.

개별성을 따라가면 한 사람의 개성을 존중하는 마음을 만나게 됩니다. 개성을 존중하는 게 사람 대접입니다. 귀한 사람일수록 개성을 존중합니다. 무엇을 원하는지 묻고 그 사람에게 맞춥니다. 사회복지의 궁극적 목적은 가난 극복과 고립 완화가 아니라 사람 대접입니다. 사람은 사람 대접을 받을 때 사람다워집니다. 비록 환경이 열악하고 당장에 나아질 기미가 보이지 않아도 사람 대접을 받으면 인간성의 고귀한 촛불이 꺼지지 않습니다.

내가 생각하는 1인분이 아니라 주민의 1인분에 맞춰야 합니다. 지금까지의 관행, 제도, 조직의 여건으로 그렇게 하지 못한다면 생각만이라도 바꿔야 합니다. 알고 하는 것과 모르고 하는 건 다릅니다. 내가 생각하는 고립보다 당사자가 생각하는 고립이 중요합니다. 내가 생각하는 프로그램 횟수보다 주민이 원하는 횟수가 중요합니다. 내가 진행하기 편한 장소보다 주민이 원하는 장소가 좋은 장소입니다. 물론 어려운 일이지만 열매를 생각하면 포기할 수 없는 일입니다. 사회복지의 열매, 사람 말입니다.

칼국수 집에는 사람이 끊이지 않습니다. 사람이 많을 때는 한 시간 넘게 줄을 서기도 합니다. 사장님은 이게 뭐라고 한 시간씩 줄을 서서 먹는지 모르겠다며 미안한 마음에 화장실도 가지 못한다고 합니다. 사람 대접을 하면 사람은 잊지 않고 다시 옵니다. 사람 대접을 받았으니 사람 구실을 하려고 합니다. 칼국수를 다시 찾는 단골이 가게의 가장 큰 자산인 것처럼, 사회복지사를 다시 찾는 주민이 보이지 않는 지역복지의 가장 중요한 자산입니다. 1인분 사회복지 해보지 않으시겠습니까?

\#1인분의_재정의

\#사람_대접의_힘

\#개별성_존중

\#주민_기준_복지

\#보이지_않는_자산

글로새김

Q1. 프로그램을 효율적으로만 진행하지는 않나요?

모든 일에는 빛과 그림자가 있어요. 효율을 얻으면 사람을 잃어요. 프로그램을 효율적으로 진행해야죠. 그러는 사이에 사람을 잃을 수가 있어요. 효율성에 매몰되지 않았는지 점검해 보세요.

Q2. 여러분을 찾는 주민이 고마운가요?

좋아하는 사람이 나를 찾는다면 고맙죠. 반대도 있고요. 나를 찾아주는 주민이 고맙다는 말은 주민에게 관심이 있다는 말이죠. 어떤 마음이 드는지 살펴보세요.

Q3. 주민의 개별성을 존중하나요?

주민을 하나의 집단으로 생각하면 프로그램이 가장 효과적인 방법이에요. 그러나 개별적으로 생각하면 그렇지 않아요. 아무리 정교한 프로그램도 개별적 특성을 배려하지 못해요.

우리의 복지는 누가?

음식을 싫어하는 요리사, 몸이 아픈 의사, 게으른 운동선수.
음식을 싫어해도 요리사이고, 몸이 아파도 의사이며, 게을러도 운동선수입니다. 다만 신뢰가 가지 않을 뿐입니다. 직업의 기능은 유지되지만, 다른 사람들이 느끼는 평가는 달라집니다. 꼭 다른 사람의 평가가 아니더라도, 스스로 떳떳하지 못하고 만족하지 못합니다. 똑같은 논리로 복지가 없는 사람이 복지를 한다면, 얼마나 실천력 있는 복지가 가능할까요?

연말에 기관을 방문하거나 실무자를 만나면 종종 듣는 말이 있습니다. "저 올해까지만 하기로 했어요. 좀 쉬었다가 다시 생각해 보려고요" 그런 이야기를 들으면, 지역복지 자문이 중요한 게 아니라는 생각이 듭니다. 복지의 중요한 한 축이 무너지고 있습니다. 주민의 주체성과 당사자성이 강조됩니다. 백 번을 강조해도 지나치지 않을 말입니다. 그렇다고 복지를 실천하는 사람들의 중요성이 간과되어서는 안 됩니다. 복지정책, 사회복지사, 주민은 어느 하나도 빠질 수 없는 건물을 지탱하는 기둥입니다. 하나라도 없으면 건물 전체가 무너집니다.

정책, 지역사회, 주민에게 집중하던 시선을 이제는 내부로 돌려야 합니다. 균형을 잡아야 한다는 표현이 더 정확합니다. 정책과 주민이라는 기둥은 잘 살펴왔지만, 우리 자신에게는 너무 소홀했습니다. 자신에게 소홀했던 시절이 있었습니다. 당장 굶주린 사람들이 즐비했던 시대였기 때문입니다. 자신을 돌본다는 게 사치처럼 느껴졌던 시대였습니다. 당연히 희생과 인내가 미덕이었습니다. 부족한 자원과 빈약한 정책을 사회복지사의 희생으로 채웠습니다. 물론 희생의 고통만 있었던 건 아닙니다. 힘들긴 했지만, 그 속에서 보람도 느꼈고 자부심도 있었습니다. 그러나 시대가 변했습니다. 여전히 배고픈 사람이 있지만, 절대적인 자원의 양보다는 자원의 분배 문제가 더 큽니다. 이런 시대에 희생만으로는 안 됩니다.

청년 세대는 이전 세대와는 다른, 상대적으로 풍요로운 환경에서 자랐습니다. 이들에게 희생은 동기부여가 되지 않습니다. 희생을 중요한 가치로 살아온 선배 세대의 현재 모습이 행복해 보이지도 않습니다. 오히려 반면교사로 느껴집니다. IMF를 겪은 부모 밑에서 자란 세대는 열심히 살아도 안 된다는 것을 체감하며 각자도생의 최정점을 경험했습니다. 공동체의 풍요를 맛볼 기회가 적었고, 어려서부터 생존을 위한 고도의 훈련을 받았습니다. 그런 세대에게 '희생', '주민공동체', '협력', '복지' 같은 단어는 너무 추상적으로 들릴지도 모릅니다. 예전에는 "기관을 옮기고 싶다"라고 말했다면, 요즘은 "복지를 그만두고 싶다"라고 말합니다. 시대의 변화입니다.

시선을 자신에게 돌린다는 말은 이기적으로 살라는 뜻이 아닙니다. 당장에 해결이 되지 않는 급여 인상, 진급, 제도 변화에 매몰되지 말고 작은 성공의 경험을 쌓자는 뜻입니다. 환경과 제도는 쉽게 바뀌지 않습니다. 그런 환경 속에서도 버텨낼 수 있는 힘은 결국 사람입니다. 수능이라는 거대한 장벽 앞에서 학창 시절을 견뎌내게 한 힘은 나의 의지나 노력보다는 같은 어려움을 겪는 친구들이었습니다. 친구와 떡볶이를 먹고, 음악을 듣고, 돌아보면 웃기지도 않은 일로 깔깔거리며 웃던 그 시간들이 힘이었습니다. 떡볶이의 힘은 지금도 유효합니다. 떡볶이는 작지만 친밀한 공동체의 상징입니다.

혼자 참고 견뎌서 될 일이 아닙니다. 동료와 나눠야 합니다. 내가 먼저 동료에게 어려움을 말하고, 내가 먼저 동료의 아픔에 귀 기울여야 합니다. 팀장님에게 용기내서 말하고 들어야 합니다. 말하고 듣는 대화만한 에너지도 없습니다. 매번 그렇게 하지 못하더라도, 월말이나 분기말이라도 시간을 내서 실천해 보면 좋겠습니다. 고립된 주민을 찾으면서 고립된 동료를 놓치는 건 아닐까요?

우리의 복지를 챙겨주는 정책은 없습니다. 그런 사람도 없습니다. 그렇다면 우리 스스로 챙겨야 합니다. 미루지 말고 말로, 카톡으로,

커피로 당장에 시작하면 좋겠습니다. 그렇게 나로부터, 가까운 곳으로부터 복지를 시작해 보세요.

#우리도_복지가_필요해
#희생이_아닌_공감
#우리부터_돌보자
#동료와_함께하는_복지
#사람이_힘이다

글로새김

Q1. 주위에 고립된 동료가 있지는 않나요?

너무 밖으로만 시선을 돌리면 가까이 있는 사람을 놓쳐요. 나중에 후회할 일이에요. 가까운 사람을 챙기는 사람이 멀리 있는 사람에게도 정성을 쏟을 수 있어요.

Q2. 어려움을 나눌 동료와 선임이 있나요?

뭐든지 혼자서 잘해내는 사람이 강한 사람, 능력 있는 사람이 아니에요. 시대가 원하는 인재는 협력하는 사람이에요. 주위에 그런 사람이 있는지 찾아보세요.

Q3. 작지만 친밀한 공동체의 경험이 있나요?

주민모임, 주민공동체, 주민조직처럼 이름은 다르나 사람들이 관계 맺는 모임이 필요하죠. 그런 모임을 만들고 유지하기 위해서는 나부터 그런 경험이 있어야 해요.

슬럼프에 빠졌다면

깊은 슬럼프에 빠졌다가 이제 극복을 시작했다는 사회복지사를 만났습니다. 그분에게 전하지 못했던 말을 글로 대신합니다.

우선 슬럼프를 재해석하면 좋겠습니다. 슬럼프는 나쁜 것도 좋은 것도 아닙니다. 원인에 따른 결과일 뿐입니다. 밥을 많이 먹으면 배가 부른 것처럼요. 배가 불러서 기분이 좋을 수도 있고 반대로 불편할 수도 있습니다. 기분은 다를 수 있지만 배가 부른 것을 탓하면 안 됩니다. 먹었으니 배가 부른 건데 왜 배가 부르냐고 말하면 곤란합니다. 슬럼프를 탓하는 건 밥 먹고 부른 배를 탓하는 것과 같습니다. 슬럼프는 오랜 시간 애정을 다하고 열심히 일한 사람이 겪는 자연스러운 과정입니다.

슬럼프 자체를 탓하고 부정적으로 생각하지 말아야 합니다. 슬럼프의 재해석이 중요합니다. 애정이 없고 열심히 일하지 않은 사람은 슬럼프도 없습니다. 오랜 시간 일했는데 슬럼프가 없었다면 자신의 성실도와 애정도를 의심해 봐야 합니다. 적당히 일하지는 않았는지? 영혼 없이 기계처럼 일하지는 않았는지? 사랑하는 사람과만 권태기를 겪듯이 열심히 일한 사람만이 슬럼프를 겪습니다. 그렇다고 마냥 슬럼프를 즐길 수만도 무작정 외면할 수만도 없습니다. 적을 알고 나를 알면 백전백승이라고 했습니다. 슬럼프의 특성을 알고 대응하면, 권태기를 지혜롭게 겪어낸 부부가 더욱 성숙한 관계를 맺는 것처럼 이전보다 성숙한 실천을 할 수 있습니다.

첫째, 슬럼프는 오랜 시간 일해야 겪습니다. 한 달 일하고 슬럼프가 오지 않습니다. 반년도 일하지 않았는데 슬럼프가 왔다면 그건 착각이거나 조직이 싫고 맡은 일이 맞지 않아서 그렇습니다. 슬럼프는 오랜 시간이 지나야 나타납니다. 원인에 답이 있습니다. 오랜 시간이 지나서 생겼기 때문에 해소에도 시간이 필요합니다. 하루 만에 슬럼프를 극복했다는 건 이상한 말입니다. 슬럼프가 지나는 데에는 짧게는 몇 개월 길게는 수년이 걸릴 수도 있습니다.

감기는 병원을 가도 일주일, 안가도 일주일이란 말이 있습니다. 시간이 지나야 한다는 말입니다. 슬럼프가 지나가기 위해서는 시간이 필요합니다. 이런 때는 더 잘하려 힘쓰지 말아야 합니다. 예전처럼 힘을 내려고 애쓰다 남은 힘마저 사라지고 슬럼프가 깊어집니다. 늪에서는 힘을 쓰는 만큼 더 깊이 들어갑니다. 지금을 유지하는 것, 더 나빠지지 않는 것도 전략입니다. 꼭 성장하고 발전하는 것만 전략이 아닙니다. 슬럼프에는 때를 기다리며 현재 상태를 유지하는 것으로도 충분합니다.

둘째, 슬럼프는 애정을 쏟아야 겪습니다. 기계는 슬럼프를 겪지 않습니다. 감정과 영혼이 없기 때문입니다. 슬럼프는 체력에도 원인이 있지만 보다 근원적인 원인은 감정에 있습니다. 특히 사회복지는 가치를 강조하고 사람을 대면해서 감정 소모가 많습니다. 투입보다 산출이 많으면 고장이 나기 마련입니다. 감정의 원료가 채워지지 않아도 한동안은 초심의 열정으로 견뎠습니다. 초심은 영원하지 않습니다. 마르지 않는 화수분도 아닙니다. 초심을 기억하는 것은 좋지만 초심만으로 살지는 못합니다.

처음 마음에 새로운 마음을 더해야 합니다. 나를 위한 시간이 필요한 이유입니다. 그동안 주민과 동료에게는 마음을 많이 썼는데 정작 자신에게는 아무것도 해준 게 없습니다. 다른 사람에게는 관대했는데 자신은 모질게 대했습니다. 무리를 하면 몸이 신호를 보냅니다. 슬럼프는 마음이 비었다는 신호입니다. 초심이 아니라 새로운 마음을 채워야 한다는 강력한 신호입니다. 슬럼프에는 나만을 위한 시간이 절대적으로 필요합니다.

셋째, 슬럼프는 열심히 일해야 겪습니다. 애정이 있으면 최선을 다하게 됩니다. 좋아하는 가수가 있다면 최선을 다해서 정보를 모읍니다. 사람을 아끼는 마음으로 복지를 선택했고 최선을 다했습니다.

박수받을 일입니다. 하지만 체력에는 한계가 있고 완급 조절이 필요합니다. 노래에는 높고 낮음과 감정의 기승전결이 있습니다. 처음부터 끝까지 고음으로 내지르면 감동도 없을뿐더러 목만 나갑니다. 최선을 다한 게 문제가 아니라 완급조절 없이 고음만 내지른 것은 아닌지 돌아봐야 합니다. 열심히 일하지 말라는 게 아닙니다. 그동안 열심히 일했다면 이제 잘해야 합니다. 힘을 줄 때와 뺄 때를 알아야 합니다.

일을 잘한다는 건 지금 할 것과 나중에 할 것, 중요한 것과 덜 중요한 것, 혼자 할 일과 같이 할 일을 구분하는 능력입니다. 구분을 못 하니 지금 하지 않아도 되는, 중요하지 않은, 같이 할 일을 혼자서 있는 힘 없는 힘을 쏟아붓다가 힘이 다했습니다. 슬럼프는 한 발짝 떨어져서 생각하는 기회입니다. 치열하게 경기할 때는 보이지 않던 문제점이 경기가 끝난 후에 영상을 돌려보면 보입니다. 슬럼프는 '열심히 일하기'에서 '잘하기'로 전환하는 시간입니다.

대충 일해서 슬럼프가 없는 사람이 부끄러워해야 하는데, 오히려 열심히 애정을 다해 오랫동안 일해서 슬럼프를 겪는 사람이 부끄러워합니다. 맹자는 부끄러워할 줄 알아야 사람이라고 했습니다. 부끄럽게 슬럼프를 고백하는 사회복지사에게서 성숙한 사람의 모습을 발견합니다. 주민 프로그램을 능숙하게 진행하고 지역사회의 변화를 전문가처럼 읽어내는 사회복지사에게 느끼지 못한 성숙한 모습을요. 철저한 자기 관리로 슬럼프가 없는 사람만이 사회복지를 하는 건 아닙니다. 슬럼프가 문제가 아니라 슬럼프를 부정적으로만 해석하고 숨기고 엉뚱하게 대응하는 게 문제입니다. 슬럼프가 깊다면 슬럼프를 받아들이고 누군가의 돌봄을 받으면 좋겠습니다. 사춘기가 성장의 과정이듯 슬럼프는 성숙한 사회복지사가 되고 있다는 신호입니다. 지금은 빨간불로 보이지만 머지 않아 파란불이 켜집니다. 그때가 머지 않았습니다.

#슬럼프의_재해서
#열심히_일한_증거
#회복의_시간
#성숙한_사회복지사
#나를_위한_돌봄

글로새김

Q1. 슬럼프를 경험했나요?

슬럼프는 열심히 오랫동안 마음을 다해 일했다는 증거예요. 그러니 슬럼프를 숨길 게 아니라 오히려 긍정적으로 받아 들이면 좋겠어요. 그런 경험이 있었는지 돌아보세요.

Q2. 어떻게 슬럼프를 견뎌냈나요?

슬럼프를 지난 경험은 사람마다 달라요. 슬럼프 자체보다 어떻게 대응했고 무엇을 얻었는지가 중요해요. 가만히 지난 슬럼프를 들여다보면 자신의 장점이 보일 거예요.

Q3. 열심히 일하는 사회복지사인가요? 성숙한 사회복지사인가요?

열심히 일하는 건 칭찬받을 일이에요. 그러나 여기서 멈춰서는 곤란해요. 잘해야 해요. 위로만 자라는 나무는 언제고 쓰러져요. 뿌리도 깊게 뻗어야죠. 열심히 성장했다면 이제 깊이 성숙해야 해요.

사회복지사의 잃어버린 주어 '나는'

문장의 시작은 주어입니다. 주어가 분명하면 서술어만 있어도 문장이 완성됩니다. '나는 기쁘다'처럼 말입니다. 주어가 없으면 문장이 아무리 길고 수려해도 미완성입니다. '기쁨이 화수분처럼 솟아올라서 엄마를 보며 방긋 웃는 아이의 웃음이 되었다' 기쁨의 주체가 없습니다. 옆집 아저씨의 기쁨인지, 지켜보는 다른 사람인지, 내 자신인지 모릅니다. 좋은 문장이 아닙니다.

복지 현장에서 쓰는 문장에는 주어가 없습니다. '나는'으로 써야 하는 주어의 자리에 기관, 주민, 사회문제가 자리를 차지합니다. 이유는 있습니다. 복지 현장에서 쓰는 많은 글의 종류가 행정문서이기 때문입니다. 행정문서에는 정책, 정보, 회의, 행사 문서가 있는데 현장에서 생성하는 대부분은 정보 문서입니다. 정보 문서는 정확해야 합니다. 현장 문서에 숫자가 많고 숫자를 담기 위한 표가 많은 이유입니다.

사람은 환경의 지배를 받고 관성이 강합니다. 정보 전달 목적의 문서를 반복해서 오랜 시간 쓰다 보니 이제는 이렇게 쓰는 게 제일 익숙하고 잘 써집니다. 그래서 사회복지사는 주어인 '나는'을 잃었습니다. 현장의 사회복지사들과 지난 한 해 동안 글쓰기 모임을 했습니다. 공통으로 '나는'을 주어로 자신의 감정을 표현하는 일을 가장 어려워했습니다.

무조건 고음을 지르는 것보다 말하듯이 노래하는 게 대세입니다. 노래처럼 시대가 변하면 글쓰기도 달라집니다. 정보 문서의 역할은 이제 인공지능이 대신합니다. 매일 일지로 기록하던 이용자 수를 입구의 자동 시스템과 이용자 카드가 대신합니다. 시대가 원하는 글의 키워드는 '공감'입니다. 글은 소통의 도구입니다. 일기도 내 자신과의 소통인 것처럼 모든 글에는 독자가 있습니다.

그동안 글쓰기의 독자가 지자체와 결재권자였다면 이제 지역과 주민으로 전환해야 합니다. 정보를 전달하는 행정문서가 나쁘다는 말이 아닙니다. 공공 재원을 사용하는 조직으로써 행정문서의 역할이 있습니다. 다만 행정문서는 충분합니다. 더 많이 더 잘할 필요가 없습니다. 지역을 움직이는 글이 필요합니다. 주민의 마음에 공감하는 글이 있어야 합니다.

시작은 '나는'을 주어로 내 생각과 감정을 표현하는 훈련입니다. 인문학의 '문'은 생각과 감정을 표현하는 가장 작은 단위입니다. 인문은 사람의 생각과 감정을 표현하는 것입니다. 인문학 강좌를 듣고 인문학 책을 읽어서 인문학적 소양이 쌓이는 게 아니라 그런 것을 매개로 생각과 감정을 표현할 때 인문학이 말하는 주체적 인간이 됩니다. 스스로 생각하고 선택하는 인간, 사회복지가 추구하는 목표도 다르지 않습니다.

내 생각을 표현하지 못하는 사람이 다른 사람의 표현을 돕지 못합니다. 내 감정을 모르는 사람이 다른 사람의 감정에 함께할 수 없습니다. 아니면 공감하는 척만 하거나 공감한다고 착각합니다. 내 생각과 감정의 미묘한 변화를 알아차려야 지역과 주민들의 작은 변화에도 예민하게 반응합니다. 사례 관리 사정 도구로는 파악할 수 없는 사람의 깊은 마음을 알게 됩니다. 마음은 신기한 구석이 있습니다. 들어주고 알아주기만 해도 바로 힘을 냅니다. 회사의 어려운 환경이 달라지지 않았는데 친구가 말없이 들어주고 공감해 주면, 그것만으로도 힘이 납니다.

지역에 나가서 주민을 만나도 줄 수 있는 것에는 한계가 있습니다. 일자리를 주지 못합니다. 집도 못 주고 자녀들의 교육 문제도 해결하지 못합니다. 정보를 알려주고 연계한다는 건 매우 불친절한 해답입니다. 우리가 할 수 있는 건 함께 있는 겁니다. 몸으로는 함께 있고 마음으로는 알아줍니다.

사회복지사의 자원개발 능력이 최고의 역량이던 때가 있었습니다. 사례 관리를 전문적으로 실행하는 사람이 최고의 사회복지사로 인정받는 때도 있었습니다. 프로포절과 행정문서를 잘 작성하는 사람은 지금도 역량 있는 사회복지사로 대접받습니다. 그러나 지역과 주민의 기준으로 보면 다릅니다. 마음의 소리를 들어주고 알아주는 사람이 진짜 능력자입니다.

본인의 능력을 점검하는 방법은 간단합니다. 질문에 대답하면 됩니다. 오늘 여러분의 마음은 어땠나요? '나는'을 주어로 얼마나 많은 문장을 작성할 수 있나요? 자신의 감정을 표현하지 않는 냉철함이 전문가의 자질이라고 생각한다면 다시 한번 생각해 보길 권합니다. 사람들은 로봇과 상담사를 원하지 않습니다. 듣고 공감하는 친구가 필요합니다. 바로 여러분입니다.

#나는_으로_시작되는_글쓰기
#공감하는_사회복지사
#주체적인_표현
#행정문서에서_생활문서로
#마음을_듣는_능력

글로새김

Q1. '나는'으로 시작하는 문장을 쓸 수 있나요?

일지, 계획서, 보고서는 잘 쓰는 데 자신을 기록하는 글이 하나도 없다면 모래 위에 성을 지은 것과 같아요. 자신을 표현하는 사람이 다른 이의 아픔을 알 수 있어요.

Q2. 오늘 하루 어떤 마음이 들었는지 아시나요?

연습해 보세요. 오늘 하루의 마음을 기록하면서요. 잘 쓰려고 하지 말고 솔직하게 써 보세요. 솔직한 표현이 전달돼요. 작은 것을 표현해야 깊은 것을 표현할 수 있어요.

Q3. 주민이 원하는 역량을 갖추고 있나요?

우리가 필요로 하는 역량과 주민이 원하는 역량은 달라요. 주민 입장에서는 어떤 사회복지사, 어떤 능력이 필요할지를 생각하는 것만으로도 변화가 시작돼요.

비틀거릴 내가 안길 곳은 어디에

'내 사랑 내 곁에'를 외치던 가수 김현식이 특유의 기교 없는 날 것의 거친 목소리로 내뱉습니다. 비틀거릴 내가 안길 곳은 어디에 있냐고요. 사회적 고립이 이슈입니다. 민과 관, 사회복지시설, 시민단체 예외가 없습니다. 이유는 간단합니다. 우리가 살아가는 이 땅이 고립되었기 때문입니다. 메마른 땅에서 자란 나무의 줄기에 생기가 넘치지 못합니다. 촉촉함을 품은 푸른 잎사귀는 기대하지 말아야 합니다. 나무를 보면 땅을 알 수 있듯이 출근길 사람들의 표정을 보면 압니다. 전문가의 진단과 이론을 빌리지 않고서도 지금이 고립의 시대란 사실을요.

그래도 우리는 살아야 하고, 살아가야 합니다. 폭풍이 몰아치는 데 지붕에 올라가 방수 작업을 하지 못합니다. 새는 곳에 양동이라도 받치고서 오늘을 살아내야 합니다. 고립 위험군을 찾아서 문제를 해결하고 사회적 안전망을 촘촘히 깔아서 고립을 예방하는 일은 지붕을 고치는 것과 같습니다. 먼저 해야 할 일이 있습니다. 오늘 비틀거릴 내가 안길 곳을 찾아야 합니다. 우린 저마다의 이유로 비틀거립니다. 돈이 없어서, 몸이 아파서, 외로워서, 마음이 힘들어서 비틀거립니다. 우리의 나약함을 인정하고 비틀거릴 내가 안길 곳을 찾아야 합니다.

사랑하는 가족이 비틀거릴 나를 안아줍니다. 친구와 동료가, 문학과 종교가 나를 안아줍니다. 뭐라도 좋습니다. 안길 곳이 있어야 합니다. 홀로 살면서 방을 나오지 않는 것만이 고립이 아닙니다. 비틀거릴 때 안길 곳이 없는 사람이 외로운 사람, 고립된 사람입니다. 많은 사람이 필요하지 않습니다. 여러 모임에 참석하지 않아도 됩니다. 내가 안길 곳은 한 평으로 족하고 나를 안아줄 사람은 한 사람으로 족합니다. 사회적 고립은 단어에서도 알 수 있듯이 사회 변화가 필요합니다. 개인적 고립이 아니고 사회적 고립이기 때문입니다.

우주적으로 생각하고 지역적으로 실천하라는 격언이 있습니다. 사회적 고립에 대응하는 우리에게 딱 필요한 말입니다. 사회적 고립을 크게 보면 인류의 과제입니다. 자연과 인간을 수단으로 무한 증식하는 자본이 만든 필연적인 결과입니다. 인간을 소외시키는 기술의 발달이 고립을 깊어지게 합니다. 인류의 과제라고 인류적 대응을 하기는 어렵습니다. 당장 코 앞에서 생존의 위험을 알리는 기후 위기에도 인류는 제대로 대응하지 못하는데 말입니다. 인류 대응을 기다리기만 해서는 곤란합니다. 일회용품을 줄이는 작은 실천이라도 지금 할 수 있는 일을 해야 합니다. 고립도 마찬가지입니다. 사회의 근본적인 변화는 너무 긴 시간이 걸립니다.

첫 번째 기댈 곳은 내 자신입니다. 비틀거릴 때는 기댈 곳을 찾아야 하지만 내가 비틀거리지 말고 바로 서는 방법도 있습니다. 자신을 위한 작은 기쁨을 주는 일입니다. 그동안 복지 하느라, 다른 사람을 신경 쓰느라 자신을 소홀히 했습니다. 마음먹고 자신을 챙겨봅시다. 자신에게 서비스를 제공하고 자신의 문제를 사례관리하고 자신의 강점을 조직해 봅시다. 시간을 내서 먹고 싶은 것을 먹고, 만나고 싶은 사람을 만나고, 가고 싶은 곳을 가봅시다. 사업 결과보고와 사업계획, 행사로 바쁘다면 저녁에 짬을 내거나 주말만이라도 나를 위한 시간을 가져야 합니다. 비틀거리기 전에 마음의 근육을 단단하게 만들어야 합니다. 마음의 근육은 나를 위해 시간을 쓰는 만큼 생깁니다.

두 번째는 안길 곳을 찾아야 합니다. 황금은 멀리 있지 않지 않습니다. 소중한 것은 언제나 가까이 있습니다. 다만 찾아야 합니다. 멀리서 안길만한 새로운 사람을 만들지 않아도 됩니다. 분명 여러분 곁에 있습니다. 이미 다리에 힘이 풀렸는데 억지 부리지 말고 어서 도움을 청해야 합니다. 두려움에 맞서는 것만 용기가 아닙니다. 진짜 용기는 자신의 약함을 인정하고 도움을 청합니다. 내가 비틀거려 넘어질 때 누군가 잡아주기를 막연히 기다려서는 결과가 뻔합니다. 가족도 말하지 않으면 모릅니다. 말해야 합니다. 지금 내가 얼마나 힘들고 외롭고 공허하고 지쳤는지를 말입니다.

한자로 사람인은 두 사람이 등을 기대고 있는 모습이라고 합니다. 내가 누군가에 안겨 기댄 것 같지만, 알고 보면 그 사람도 내게 기대어 있습니다. 내가 누군가에게 안길 때 그 사람도 내게 안기는 것입니다. 나의 비틀거림이 그 사람의 사랑이 되는 역설이 진짜 관계입니다. 관계는 서로 연결되어 있다는 뜻입니다. 그 사람도 유한한 존재입니다. 언젠가 비틀거릴 때가 올 겁니다. 그때는 그 사람의 비틀거림이 여러분의 사랑이 됩니다. 나의 행위와 환경을 뛰어넘는 사랑을 경험해 보십시오. 맛있는 음식을 맛본 사람이 다른 사람에게 음식으로 기쁨을 주는 쉐프가 될 수 있듯이 그 사랑을 경험한 사람이 진짜 복지를 합니다. 그래서 다시 한번 묻게 됩니다. 비틀거릴 여러분이 안길 곳은 어디에 있나요?

#조용한_연결의_힘
#함께_기대기
#내_마음을_안아주기
#고립에서_연결로
#경험하고_전달하기

글로새김

Q1. 요즘 여러분의 마음을 아시나요?

자신의 마음을 모르면 다른 사람의 마음을 느끼기 어려워요. 자신의 마음을 알아주는 사람이 다른 사람의 마음을 알 수 있죠. 공감은 그렇게 마음을 아는 사람들 사이의 대화예요.

Q2. 비틀거릴 여러분이 안길 곳이 있나요?

넉넉한 돈과 튼튼한 몸이 있어도 나눌 친구가 없다면 슬픈 일이에요. 반대로 돈이 부족하고 몸이 아파도 곁에 친구가 있다면 다른 마음이 생겨요. 지금 그런 친구가 있는지 점검해 보세요.

Q3. 나의 약함이 다른 사람의 사랑이 된다는 사실을 아시나요?

그동안 능력 있고 강해지기만을 추구했다면 돌아보세요. 빈 컵에 물이 채워지듯이 나의 약함에 사랑이 채워져요. 경험해 봐야 알 수 있는 신비한 역설이에요.

거울을 보자 표정이 복지다

마음은 보이지 않습니다. 그래도 알고 싶다면 방법이 있습니다. 마음과 하나인 몸을 보는 방법입니다. 마음은 몸으로 표현되기 때문입니다. 싫은 사람이 있으면 마음이 거부하고, 몸이 자동으로 반대 방향을 향합니다. 반대로 좋은 사람, 마음을 나누고 싶은 사람이 있으면 몸이 가까이 갑니다. 특히 얼굴은 마음의 창입니다. 밝은 마음과 밝은 표정, 아픈 마음과 아픈 표정은 한 짝입니다. 가끔 마음을 속이고 억지로 표정을 짓기도 하지만, 오래가지는 못합니다. 더욱이 상대는 표정의 진위를 금방 알아차립니다.

과거의 복지는 가난을 채우는 복지였습니다. 인테이크, 욕구사정, 계획수립이 필요 없었습니다. 모든 복지의 초점이 배고픈 배를 채우기에 맞춰져 있었습니다. 이제는 다릅니다. 여전히 배고픈 사람이 있지만, 절대적인 자원의 부족보다는 부의 불평등한 구조와 분배 문제가 더 큽니다. 얼마를 주느냐보다 누가, 어떻게 주느냐가 중요합니다. 쌀을 건네는 일은 팔이 아프지 않다면 누구나 할 수 있는 일입니다. 그러나 상대방의 기분이 상하지 않고 존엄성을 잃지 않게 주는 건 아무나 할 수 있는 일이 아닙니다.

사람들은 배고픔을 채우는 것만으로 만족하지 않습니다. 쌀과 함께 전해지는 마음을 살핍니다. 식당에서 밥을 많이 준다고 고마워하지 않습니다. 맛은 기본이고, 친절하고 분위기도 좋아야 합니다. 양의 시대에서 질의 시대로 전환되었기 때문입니다. 복지도 예외는 아닙니다. 프로그램과 서비스에 마음이 담겨야 합니다. 명절에 전달하는 후원 물품보다 마음이 중요합니다. 우리는 왜 이렇게 마음을 전달하는 게 낯설까요?

첫째, 사회복지는 전문 영역으로 감정이 아닌 냉철한 이성으로 실천해야 한다는 슈퍼비전을 받아왔기 때문입니다. 틀린 말은 아닙니다. 다만 그때는 맞았지만 지금은 다르다는 뜻입니다. 무엇보다 가난을 최우선 과제로 해결해야 했던 시기에는 맞는 말이었지만, 공감이 필수인 지금은 더 이상 그렇지 않습니다. 감정을 전달하지 못하기 때문에 우리는 마음을 나누는 관계를 맺기 어려워합니다. 주는 것에 익숙해서 주고받는 게 어색합니다. 마음은 주고받아야 합니다.

둘째, '나'라는 주어를 잃어버렸기 때문입니다. 주어의 자리에 항상 주민과 지역의 문제가 있었고, '나'는 없었습니다. 그렇게 오랫동안 나를 뺀 채 일을 하다 보니, 나 자신을 표현하지 못하게 되었습니다. 나를 주어로 감정을 표현하지 못합니다. 자신의 감정을 표현하지 못하는 사람이 타인의 감정을 알고 반응하기는 어렵습니다. 자연히 사회관계 같은 형식적인 관계만 유지하게 되고 깊은 관계는 어렵습니다. 주민 관계를 강조하면서도 실제로는 친밀한 주민 관계를 경험하지 못하는 이유입니다.

나부터 내 마음을 알아주지 못하면 표정에 생기가 없습니다. 표정이 밝은 사람은 물 한 잔을 건네도 받는 사람의 기분이 좋아집니다. 밝은 마음이 표정으로 생기 있게 전달되기 때문입니다. 어두운 표정으로는 아무리 최고급 스페셜 원두의 커피를 전해도 앞서 말한 물 한 잔만 못 합니다. 밝은 마음이 빠졌기 때문입니다. 최근 신입 직원들의 퇴직이 잦아지고 있습니다. 신입 직원의 입장에서 생각해보면, 기관에서 밝은 표정을 보지 못했기 때문일지도 모릅니다.

과거에는 기관 안에 롤모델이 있었습니다. '나도 저 선배님처럼, 저 팀장님처럼 일해야지'라고 생각하게 만드는 사람이 있었습니다. 그러나 이제 사람들은 롤모델보다 마음을 나눌 사람을 찾습니다. 그런데 아무리 찾아봐도 기관에서 그런 표정을 보기 어렵습니다. '내가 10년을 버티면 저 팀장님 자리에 있을 텐데, 지금 팀장님의 표정을 보니 아닌 것 같다', '20년 후의 부장님과 관장님을 생각해도, 저 표정은 아닌 것 같다'고 느끼는 것은 아닐까요?

표정이 살아나면 좋겠습니다. 물론 월급과 직위가 오르고, 기관의 자율적인 업무 환경이 갖춰지고, 위탁과 평가 제도가 바뀌면 표정도 자연스럽게 살아나겠죠. 그러나 그런 날만 기다리기에는 미래가 너무 어둡습니다. 조직과 환경은 우리를 기다려주지 않으며, 우리 뜻대로 움직이지도 않습니다. 그렇다면 내 몫이라도 다해야 합니다. 내 표정에는 정책과 기관장의 몫만 있는 게 아니라 내 몫도 있기 때문입니다. 답답한 내 심정부터 알아주면 좋겠습니다. 억지로 참고 참아서 병을 만들지 말고, 무표정한 얼굴로 영혼 없이 버티지 말고, 가까운 사람에게 하소연이라도 해보면 좋겠습니다.

문제는 환경이 바뀌어야 해결되지만, 마음은 알아주고 들어주고 말하는 것만으로도 살아납니다. 정책, 리더십, 자원이 있어야 사회복지가 가능하지만, 무엇보다 중요한 건 사람입니다. 사람이 복지이고, 사람의 표정이 복지입니다. 지금 거울을 봅시다. 거울에 비친 표정만큼이 기관과 지역복지의 역량입니다.

#표정이_복지다

#마음으로_전하는_복지

#나부터_변화하기

#공감의_시대

#복지_현장의_진정성

글로새김

Q1. 요즘 여러분의 표정은 어떤가요?

자신을 돌보지 않는 사람은 자신의 표정을 몰라요. 하루 종일 밝은 표정을 지으라는 말이 아니에요. 자신을 살피라는 말이에요. 집을 나서기 전에 거울을 보는 것처럼요.

Q2. 기관에 표정이 좋은 사람은 누구인가요?

표정이 밝은 사람을 보면 기분이 좋아져요. 표정이 좋은 사회복지사만한 지역복지의 자원도 없어요. 기관에서 그런 사람을 찾아보세요. 그리고 전해주세요. 그 표정이 복지라고요.

Q3. 마음을 알고 기록하고 표현하는 사람인가요?

보이지 않는 마음을 보이게 하는 도구가 글이에요. 얼굴을 보는 거울처럼요. 그래서 기록하는 사람이 마음을 아는 사람이라고 말할 수 있어요. 기록하지 않으면 사라지니까요.

여름휴가, 사회복지사의 감정 방학

여름에는 휴가 시즌이 있습니다. 과거처럼 7월 말과 8월 초에 집중되던 휴가가 사라지고 일 년 내내 흩어져 있긴 하지만, 그래도 여름은 여전히 휴가의 계절입니다. 일산에서 서울로 출근하는 자유로가 막히지 않는 것만 봐도 알 수 있습니다. 휴가의 의미는 쉼과 충전입니다. 아무리 고성능 기계라도 영원히 사용하지는 못합니다. 아무리 고효율의 기계라도 에너지를 100% 사용하지 못하고 소음과 열로 찌꺼기를 남깁니다. 밥으로 에너지를 보충하는 사람도 예외는 아닙니다. 살아낸 시간만큼 찌꺼기가 쌓이기 마련입니다. 찌꺼기는 시간의 양에 따라 하루짜리, 한 달짜리, 일 년짜리가 있습니다.

하루짜리 찌꺼기는 하루 동안 쌓인 먼지처럼 털어내면 사라집니다. 그러나 제때 털어내지 않으면 닦아내야 하고, 심하면 뜯어낼 지경이 되기도 합니다. 지혜로운 사람은 먼지가 없는 사람이 아니라 제때 먼지를 털어내는 사람입니다. 그렇다면 점검해 봐야 합니다. 나에게는 찌꺼기를 털어내는 방법이 있는지 말입니다. 하루의 찌꺼기를 털어낼 방법이 있어야 합니다. 저녁 산책, 사랑하는 사람과의 대화, 운동, 음악은 하루짜리 찌꺼기를 제거하는 좋은 방법입니다. 주말에 극장을 가거나 맛집을 탐방하는 건 주간 찌꺼기를 없애는 데 도움이 됩니다. 그런 의미에서 여름휴가는 일 년짜리 찌꺼기를 제거할 기회입니다.

사회복지는 사람을 만나는 직업입니다. 그냥 만나는 것만으로도 에너지 소모가 큰데, 사회복지는 관계를 맺고 감정을 나눕니다. 물론 누군가와 감정을 나누는 보람이 사회복지를 지속할 수 있는 동기가 되기도 하지만, 그것 때문에 힘이 들기도 합니다. 사람 덕분에 힘이 나고 사람 때문에 지치는 직업이 사회복지입니다. 여기에 더해 사회복지 현장의 특수성은 감정 소모를 더욱 부추깁니다. 충분하지 않은 보조금, 형식적인 평가, 불안정한 위탁 제도로 인해 스스로 결정하고 주체적으로 실천할 수 있는 여건이 부족합니다. 실천으로 힘든 것보다 이런 외적 요소로 인해 더 큰 어려움을 겪게 됩니다. 여기에 변화에 둔감한 리더를 만나거나 민주적 소통이 어려운 조직문화를 경험하게 되면, 감정은 바닥을 뚫고 지하로 내려가기도 합니다.

감정에도 방학이 필요합니다. 일을 했다면 쉬어야 하고, 감정을 썼다면 채워야 합니다. 감정을 채운다고 해서 상황이 달라지는 것은 아닙니다. 정책과 조직은 그대로입니다. 달라지기 위해서가 아니라 더 나빠지지 않기 위해서라도 쉬어야 합니다. 감정 방학을 선언하고 회사 생각, 관계의 상처, 하반기 계획이 떠오르면 멈춰야 합니다. 과감히 쳐내야 합니다. 일 년에 단 한 주라도 만나야 하는 사람이 아닌, 만나고 싶은 사람과 시간을 보내야 합니다. 가야만 했던 곳이 아니라 가고 싶은 곳에 가야 합니다. 억지로 채워야 했던 글을 멈추고 쓰고 싶은 글을 써야 합니다. 힘겹게 읽어야 했던 자료는 잠시 내려놓고, 읽고 싶은 책을 읽어야 합니다.

인내심으로 버텼던 온라인 교육 대신 보고 싶었던 드라마에 빠져보는 것도 좋습니다. 정해진 시간에 식판으로 먹던 점심이 아닌, 먹고 싶을 때 경치 좋은 곳에서 정갈하게 식사를 해보는 것도 좋습니다. 윗사람과 주민의 말을 듣느라 지친 귀를 쉬게 하고, 그동안 쓰지 않았던 입을 활짝 열어보는 것도 필요합니다. 친구나 가족과 왁자지껄 떠들고, 그것으로도 채워지지 않는다면 바닷가에서 소리치거나 노래방에서 내 목소리의 최고 고음을 확인해 보는 것도 방법입니다.

이제는 열심히 일하는 것만으로는 부족한 시대입니다. 열심히 보다 잘해야 하는 시대입니다. '열심히'는 쉼 없이 가능하지만, '잘하려면' 반드시 쉼이 필요합니다. '열심히'는 시간을 많이 쓰는 효과성이 중요하고, '잘한다'는 시간의 효율성이 핵심입니다. 휴가를 잘 보내는 건 일을 잘하기 위한 시작입니다. 일하고 쉰다고 생각하지 말고, 먼저 쉼으로 충전한 후 일을 한다고 생각을 바꿔보세요. 힘이 있어야 일을 할 수 있습니다. 그런 의미에서 사회복지사의 휴가는 지역복지의 시작입니다. 감정 방학을 잘 보내는 사회복지사가 많은 조직은 건강한 조직입니다. 부디 휴가다운 휴가를 보내시길 바랍니다.

#감정에도_방학이_필요하다

#쉬운_일의_출발점

#나만의_방법_만들기

#잘_쉬어야_잘_일한다

#열심히_보다_건강하게

✏️ 글로새김

Q1. 열심히 달리고만 있지는 않나요?

사회복지 실천은 단거리 육상 경기가 아니에요. 달리면 대화할 수가 없어요. 생각할 틈도 없이 계획서 일정에 맞춰 달리면 점점 사람과 멀어지게 돼요.

Q2. 어떻게 감정의 먼지를 털고 있나요?

매일 청소를 하듯이 감정도 청소가 필요해요. 감정을 표현하는 게 청소예요. 감정을 표현하면서 청소하는 자신만의 방법이 있어야 해요. 그래야 실천을 건강하고 오래 할 수 있어요.

Q3. 휴가를 휴가답게 보낸 경험이 있나요?

잘 쉬는 사람이 일도 잘하는 법이에요. 휴가를 휴가답게 보내는 사람이 자신답게 살 수 있어요. 언제, 어떻게 보낸 휴가가 여러분을 숨 쉬게 했는지 돌아보세요.

사회복지를 그만두려면

평생직장의 시대가 끝나고 있습니다. 지금 관리자까지가 평생직장의 마지막 세대인 듯합니다. 처음 입사한 회사에서 퇴직하는 사람을 보는 게 갈수록 어렵습니다. 인내심이 부족해서가 아닙니다. 노동시장, 사회구조, 세대 변화처럼 다양한 원인이 모여서 만들어진 사회현상입니다. 자연히 사회복지를 그만두는 사람이 생기기 마련이고 갈수록 더 늘어날 겁니다.

사회복지를 그만두는 게 의리를 저버리는 행동도 아니고 약해서는 더더욱 아닙니다. 사회복지만이 절대 선은 아니기 때문입니다. 자신에게 맞고 사회 공동체를 위한 더 적합한 분야가 있을 수 있습니다. 그런 의미에서 사회복지를 계속하려고 힘쓰는 것만이 옳은 일은 아닙니다. 다만 그만두는 것도 지혜와 기술이 필요합니다. 시작이 반이라는 말이 있는데 나머지 반은 마무리입니다. 마무리가 좋아야 다음 시작에 힘이 생깁니다. 마무리는 다음 시작과 연결되어 있습니다. 인생이 원래 그렇습니다. 독자적 선택은 없습니다. 모든 선택은 이어져 있습니다. 마무리와 시작이 연결된 시점에 필요한 준비가 있습니다.

첫째, 그만두는 이유를 냉철하게 분석해야 합니다. 물론 이유 없이 쿨하게 그만둘 수도 있지만 언제까지 쿨하게 살 수 있을지는 생각해 봐야 합니다. 머지 않아 더 이상 쿨할 수 없는 시간이 찾아옵니다. 선택에는 정보가 있어야 합니다. 충분한 정보에서 바른 선택을 할 수 있습니다. 충분한 정보 없이 내리는 선택을 도박이라고 합니다. 한 번밖에 없는 인생을 도박으로 허비하지 말고 충분한 정보로 바른 선택을 해야 합니다. 지금까지 일한 나의 경험이 정보입니다.

지금 일한 직장에서 내가 무엇을 했고, 무엇을 얻었고, 무엇을 잃었는지를 진지하게 정리해 봅시다. 문제가 있다면 일시적인지 반복적인지, 조직의 구조적 문제인지 단기간 나타나는 기능적 문제인지, 리더십의 문제인지 개인의 문제인지, 경제적 이유인지 관계적 이유인지를 차분하게 정리해 봅시다. 정보력과 분석력이 바른 선택을 위한 필수적인 역량입니다.

둘째, 싫은 것보다 좋은 게 있어야 합니다. 싫어서 그만둘 수도 있습니다. 몸과 마음이 너무 상했으면 더 고민할 게 없습니다. 생명보다 더 중요한 것은 없으니까요. 이런 상황을 제외하고 싫어서 그만두면 또 싫은 일을 만납니다. 왜냐하면 환경은 내 뜻대로 통제할 수 없고 생각과 다르게 변하기 때문입니다. 싫어서 그만두기보다 좋아서 선택하는 게 더 바른 방법이고 힘이 생기는 선택입니다. 싫은 건 이미 부정적 에너지가 가득합니다.

부정하는 것도 실행의 방법이지만 그것만으로는 완성되지 않습니다. 야당이 여당을 반대하는 건 균형 있는 국정 운영을 위해서 필요하지만, 그것만으로는 안 됩니다. 견제만으로는 한계가 있습니다. 견제에 더해서 대안을 제시해야 합니다. 그래야 협력이 되고 국가가 발전합니다. 내 삶을 야당만으로 이끌 수는 없습니다. 결국은 합리적인 대안을 제시하고 스스로 이끌어 가야 합니다. 그만두는 이유를 냉철하게 분석했다면 내가 잘하는 것, 좋아하는 것, 하고 싶은 일을 생각해야 합니다. 내가 내 삶의 대안을 제시하지 못하면 누가 대신할 수 있을까요?

꼭 답을 얻지 못하더라도 그만두는 이유와 싫은 것보다 좋은 것을 생각하는 시간을 가지는 게 중요합니다. 시간이 해결해 주는 과제가 있습니다. 하루를 써서 해결할 과제가 있고 한 달을 써야 하는 과제도 있습니다. 김치도 숙성해야 제맛을 내듯이 생각도 숙성이 필요합니다. 그런 시간을 가졌다면 구체적으로 다음 과제를 수행해 봅시다.

첫째, 기록합니다. 그만두는 시점에는 생각이 복잡합니다. 생각에 생각이 꼬리를 물고 이어집니다. 생각이 복잡하다 못해 꼬이기도 합니다. 그럴 때 좋은 방법이 기록하는 겁니다. 지금 직장에서 무엇을 얻고 잃었는지 생각만 하지 말고 기록합시다. 그만두면 얻을 수 있는 것과 잃는 것을. 내가 감수해야 할 것은 무엇인지 다이어리에, 노트북에, 비공개 SNS에, 휴대폰에 기록합시다.

기록은 우리가 생각하는 것 이상의 힘이 있습니다. 꾸준히 집중해서 한다면 엉클어진 생각의 실타래가 조금씩 풀리는 경험을 하게 될 겁니다. 기록을 위해서는 혼자만의 시간이 필요합니다. 촉박하지 않은 시간이면 더욱 좋습니다. 퇴근 후 집 앞 카페에서, 주말 집 근처 도서관에서, 자기만의 방법으로 시간과 공간을 마련하면 기록의 힘이 더해집니다.

둘째, 물어봅니다. 사람은 아무리 많은 경험을 하고 생각의 폭을 넓혀도 편견을 가지게 됩니다. 세상에서 제일 무서운 사람이 나는 편견이 없다는 사람입니다. 그런 사람을 제일 조심해야 합니다. 어떤 사람도 세상의 모든 것을 경험하고 모든 인생을 살아 볼 수 없습니다. 편견이 없는 게 이상합니다. 그래서 물어야 합니다. 묻는 대상은 다양합니다. 책에 물어볼 수도, 구글과 유튜브에 물어 볼 수도 있습니다. 물어볼 대상은 다양하지만, 이런 중요한 선택에는 사람을 추천합니다. 먼저 누구보다 나를 잘 아는 사람에게 물어야 합니다.

나의 정리된 생각을 묻고 가까운 사람의 생각을 더 하면 정보가 풍성해지고 생각의 방향을 잡거나 이미 잡은 생각에 확신을 더할 수 있습니다. 또한 나를 잘 모르는 제삼자의 생각을 더 하는 방법도 권합니다. 나를 잘 아는 사람은 나와 비슷한 환경을 경험했거나 나와 비슷한 생각을 하는 사람일 확률이 높습니다. 우리는 그런 사람과 가까워지기 때문입니다. 나를 잘 아는 장점이 있지만 나를 너무 아는 게 단점도 됩니다. 너무 배려하거든요. 그래서 나와 다른 환경을 경험한 사람을 찾아서 물어보면 새로운 생각의 관점을 얻을 수 있습니다. 다만 나와 다른 환경을 경험한 사람은 찾아야 합니다. 내가 먼저 용기 내서 요청해야 합니다. 창피함은 순간이고 선택의 결과는 오래갑니다.

셋째, 결정합니다. A 안과 B 안으로 대안이 좁혀질 때가 가장 고민이 됩니다. 두 개 모두 장단점이 있기 때문입니다. 무엇이 최선이라고 말하기 어렵습니다. 그러나 최악의 선택은 확실합니다. 아무것도 선택하지 않는 겁니다. 그럴 거면 고민도 하지 말았어야 합니다. 고민한 시간과 에너지가 아깝습니다. 가장 나쁜 리더는 성격이 안 좋은 사람이 아닙니다. 아무것도 선택하지 않고 선택의 책임을 조직원에게 미루는 리더가 최악입니다. 나도 내 인생의 리더로 똑같은 실수를 할 수 있습니다. 고민 끝에 아무것도 결정하지 않는 겁니다. 고민 끝에 그만두지 않고 계속 다니기로 했다면 어쩔 수 없어서 계속 다닌다고 생각하지 말고 계속 다니기로 결정해야 합니다.

그 이유가 무엇이든 내가 선택해야 당당하고 하루를 주체적으로 살 수 있습니다. 어쩔 수 없어서 다닌다고 생각하면 직장 생활이 비루해집니다. 하루의 가장 많은 시간을 쓰는 직장 생활이 비루해지면 인생이 그렇게 됩니다. 하다못해 집이 가깝다는 이유라도 괜찮습니다. 나름의 이유를 가지고 선택합시다. 물론 결정의 결과가 좋으면 좋겠습니다. 그러나 이제 우리는 압니다. 결정의 결과가 항상 좋지만은 않다는 것을요. 좋은 결과만을 생각하면 아무런 선택도 할 수 없습니다. 선택은 감내의 용기만큼 할 수 있습니다. 하고 싶은 것을 선택한 사람은 생계의 위험을 감내한 사람입니다.

사회복지를 계속하거나 그만두거나 어떤 선택이든 당당하면 좋겠습니다. 내가 주인공이 되어 주체적으로 선택하면 좋겠습니다. 그러면 사회복지를 계속해도 그만둬도 크게 문제가 되지 않습니다. 선택의 열쇠를 내가 가지고 있어서 그렇습니다. 그렇지 못하다면 사회복지를 계속해도 문제고, 그만둬도 문제입니다. 열쇠가 내게 없기 때문에 똑같은 실수를 되풀이할지도 모릅니다.

저를 포함한 선배 세대가 줄 수 있는 답은 없습니다. 여러분이 살아갈 시간은 다른 시간입니다. 누구도 장담하지 못하고 예측하지 못하는 시간입니다. 길을 모를수록 내 위치를 정확히 알아야 합니다. 내 위치를 모른다면 아무리 정교한 지도와 내비게이션도 소용없습니다. 어쩌면 사회복지를 계속하고 그만두는 문제보다 더 중요하고 본질적인 문제인지도 모릅니다.

여러분은 직장에 다니기 위해서 태어난 사람이 아닙니다. 사회복지를 하기 위해서 태어난 사람도 아닙니다. 한국의 사회복지를 위해 내가 존재하는 게 아니란 말입니다. 여러분은 사회복지와 비교할 수 없도록 귀한 존재입니다. 그런 당신이 어떤 선택을 하든 당당하고 자유롭기를 나의 신께 기도하는 마음을 담아 글을 마칩니다. 살아 있는 동안 끝은 아닙니다.

\#주체적인_선택

\#사회복지_그_이후

\#기록하고_들어보고_결정하기

\#존재의_가치

\#그만두는_용기

글로새김

Q1. 고민하는 사람인가요? 결정하는 사람인가요?

고민으로 끝내는 사람은 매번 스트레스만 늘어요. 고민이 없다면 발전도 없고요. 고민의 끝에는 반드시 결정이 있어야 해요. 그래야 고민이 스트레스로 끝나지 않고 내게 유익이 돼요.

Q2. 자신과 주위 환경을 충분히 분석하고 있나요?

좋은 하루에도 나쁜 일이 있고, 나쁜 하루에도 좋은 일이 있어요. 세밀하게 분석하지 않으면 많은 것을 놓치죠. 그런 사람이 나쁜 것만 생각하고 남 탓을 해요. 세밀하게 분석해 보세요.

Q3. 중요한 결정 전에 물어보고 의논할 사람이 있나요?

결정은 결국 혼자서 외롭게 내려야 해요. 그러나 결정을 내리기까지는 도움이 필요해요. 도움받을 사람이 없다면 내가 가진 정보만으로는 한계가 있고 편협한 결정을 내릴 위험이 있어요.

사회복지 선택이 후회된다면

후회가 없다는 건 완전하다는 말과 같습니다. 사람이 완전하지 않다는 건 어제 하루만 돌아봐도 인정하게 됩니다. 내일이라고 달라질 것 같지는 않습니다. 결국 후회는 피하지 못합니다. 스키, 자전거, 인라인을 처음 배우면 잘 타는 것보다 잘 넘어지는 게 중요합니다. 넘어지는 법을 배워야 합니다. 왜냐하면 넘어지지 않고는 배우지 못하기 때문입니다. 안 넘어지려고 하다가 더 큰 상처를 입습니다. 후회하지 않는 것보다 잘 후회하는 법을 배워야 합니다.

우선 후회하지 않는 삶의 허상을 버려야 합니다. 한 번도 넘어지지 않고 걸음마를 배우는 아이는 없습니다. 인간에 대한 너무 높은 이상을 가지고 있지는 않은지, 무엇보다 자신에게 너무 과한 기대를 하지는 않는지, 기대를 넘어서 자신을 모질게 하는 것은 아닌지, 타인에게 베푸는 관용의 반의반이라도 자신에게 적용해 보면 어떨까요? 너무 높은 목표를 세우고서 자신을 학대하면 곤란합니다.

해 본 후회와 해보지 않은 후회가 있습니다. 결국은 후회합니다. 그러나 강도의 차이가 있습니다. 해보지 않은 것에 대한 후회가 훨씬 큽니다. 후회의 세기도 강하고 해보지 않은 후회는 미련이 더해져서 더 무겁고 오래 마음에 남습니다. 선택하기 전에 무엇이 더 큰 이익이 될 것인지를 생각하면 아무것도 하지 못합니다. 더 큰 손해를 생각하면 답이 있습니다. 해보지 않은 후회의 손해가 큽니다.

후회는 과거의 감정입니다. 미래를 후회하는 사람은 없습니다. 미래는 걱정하고 과거를 후회합니다. 지금이 중요합니다. 지금에 충실하면 후회가 덜 합니다. 아직 진행되는 과정이기 때문입니다. 지금에 충실하면 걱정이 덜 합니다. 아직 오지 않은 시간이기 때문입니다. 후회가 많다는 건 과거에 묶여 있다는 뜻이 됩니다. 과거를 성찰하고 현재의 삶에 적용하는 건 성숙한 자세입니다. 역사를 모르면 미래도 없습니다. 그러나 과하면 문제가 됩니다. 과거를 성찰해야지 과거에 묶여서는 안 됩니다. 역사에서 배워야지 역사 속에 갇히면 한 발짝도 앞으로 나가지 못합니다.

성찰이 추상적으로 들리면 분석이란 단어를 쓰면 좋겠습니다. 후회의 과거를 분석해야 합니다. 잘한 것과 잘못한 것을, 내 책임과 환경의 구조적 문제를, 현상과 본질을 구분해야 합니다. 분석했다면 지금 현실에 적용해야 합니다. 잘못한 것을 되풀이하지 않고, 구조적 문제를 내 책임으로 떠안지 않고, 현상에 매몰되지 않도록 말입니다. 그러다 보면 걷는 것도 힘겨워 보이던 아이가 힘차게 뛰어가는 것처럼 후회는 내 삶을 주체적으로 살아가도록 돕는 디딤돌이 됩니다.

> *세월이 흘러가고 우리 앞의 생이 끝나갈 때*
> *누군가 그대에게 작은 목소리로 물어보면*
> *대답할 수 있나 지나간 세월에*
> *후회는 없노라고*

가수 신해철이 나지막이 읊조리는 노랫말입니다. 요즘 사회복지를 후회한다는 소리가 종종 들립니다. 과거에는 힘들면 이직했는데 이제는 사회복지를 아예 그만두는 경향이 있습니다. 물론 사회복지를 계속하는 것만이 최선은 아닙니다. 그러나 후회하면서 사회복지를 계속하거나 후회로 사회복지를 그만두는 것은 다른 이야기입니다. 후회를 다른 관점에서 생각하는 기회가 되면 좋겠습니다. 여러분의 과거가 만족할 만한 성과가 없었을 수도 있고 지금 주위 환경이 답답할 수도 있습니다. 그렇다고 여러분의 지난 실천이 후회로 마침표를 찍어서는 안 됩니다.

우리 앞의 생이 끝나갈 때 지나간 세월에 후회가 없었다고 말할 수 있는 사람은 없습니다. 그러나 이런 질문을 되새기면 다른 삶을 살

게 됩니다. 후회가 없을 수는 없지만 후회하면서 사는 것과 후회하지 않으려 묻고 애쓰는 삶은 다릅니다. 후회하지 않기 위해서 지금에 충실하게 됩니다. 지금 내 곁에 있는 사람을 아끼고, 무엇보다 나 자신을 인정하게 됩니다. 그것으로 충분합니다. 후회하는 여러분은 잘 못 살아서가 아니라 더 나은 삶을 살기 위한 성숙한 질문을 하는 겁니다.

#잘_후회하는_법
#지금에_충실하기
#후회는_디딤돌
#해보지_않은_후회는_크다
#나_자신을_인정하기

글로새김

Q1. 어떤 후회가 있나요?

후회가 되는 순간을 돌아보면 많은 것을 알 수가 있어요. 역사를 모르면 미래가 없다고 말하죠. 후회를 돌아보지 않으면 똑같은 후회를 반복할 수 있어요.

Q2. 과거의 후회와 미래의 걱정으로 지금을 놓치고 있지는 않나요?

만족이 없으면 후회가, 설레지 않으면 걱정이 몰려와요. 만족과 설레임은 지금을 풍성하게 하지만, 후회와 걱정은 지금을 놓치게 해요.

Q3. 후회를 부정적 감정으로만 생각하지는 않았나요?

후회는 유한한 인간이 경험하게 되는 자연스러운 감정이에요. 후회를 나쁘게만 생각하면 결국 나는 부정적인 사람이 돼요. 후회를 피할 수 없으니까요. 후회를 다른 관점으로 보세요.

에필로그

'사람복지사의 시대'로 시작한 글이 '사회복지 선택이 후회된다면'으로 끝이 납니다. 사람이 필요한 시대에 사람이 사라지는 안타까운 마음을 담았습니다. 어느 때보다 사람이 필요한 시대에 사회복지사마저 사람 곁을 떠나면 이제 누가 남을까요? 그러니 아프고 부서져도 견디며 현장에 남자는 말이 아닙니다. 우린 그렇게 위대한 사람들이 아닙니다.

후회가 찾아오면 외면하지 않았으면 좋겠습니다. 정신승리에는 한계가 있습니다. 후회할 수 있습니다. 복지는 사라지고 행정가처럼 일할 수도 있습니다. 다만 그것으로 끝나지는 않았으면 좋겠습니다. 조금만 시선을 넓히면 그런 환경에서도 사람을 사람답게 하는 복지를 실천하는 사람을 보게 됩니다. 교과서에서만 보았던 복지의 이상을 현실로 만드는 현장이 있습니다.

> 아무것도 하지 못하고 방안에만 있었지
> 정확히 말하자면 모든 것을 피해 도망가는 마음으로
> 입이 차마 떨어지지 않던 날들 답답했던 긴 시간 동안
> 나는 나를 돌보지 않음으로 무언가를 말하려 했지
> 그런건 아무 의미 없는데
> 밥을 잘 먹고 잠을 잘 자자
> 생각을 하지 말고 생활을 하자
> 물을 마시고 청소를 하자

그냥 걸어가다 보면 잊혀지는 것도 있어
아름다운 풍경도 또다시 나타날 거야

브로콜리 너마저는 '바른 생활'에서 말합니다. 아무것도 하지 못하고 방에만 있었던 건 나를 돌보지 않아서라고요. 우리의 시선이 좁아지고 자신 만의 방에 갇힌 건 정책과 조직 탓만은 아닙니다. 내 자신을 돌보지 않으면서 너무 많은 일을 하려고 했기 때문입니다. 지금 할 수 있는 일부터 시작하면 좋겠습니다. 브로콜리 너마저의 처방처럼 생각을 하지 말고 생활을 하면서요, 밥을 잘 먹고 잠을 잘 자고 물을 마시면서요. 그렇게 저마다의 현장에서 우리가 맡은 일을 하다보면 아름다운 풍경이 또다시 나타날 겁니다. 그런 날이 머지 않았습니다.

사람이 하는 일

초 판 1쇄 발행　2025년 6월 23일

지은이　노수현
펴낸이　노수현
기 획　김건하
편 집　고가은
디자인　서인혜
펴낸곳　마음대로
등 록　제2018-000139
주 소　서울시 중구 세종대로 19길 16, 성공회빌딩 별관 302호
이메일　nsoo102@naver.com
홈페이지　maeumbook.imweb.me

가격 12,000원
ISBN 979-11-986193-3-4

마음대로